# 戦後レジームからの脱却を

「令和への提言Ⅱ」

# まえがき

この本は、私が産業経済新聞九州・山口特別版の「一筆両断」に寄稿したエッセイの一部をとりまとめたものである。２０１４（平成26）年９月から、その時々の経済、金融、政治等幅広い分野の話題について、「思ったことを率直に」という編集者のお言葉に甘えて自由に書かせてもらっている。有難いことである。

第１章及び第２章は、史上最長となった安倍晋三内閣の政策に関するものである。それが長期の政権であったということだけでも重要である。加えて、この内閣は、政治、経済等幅広い分野で明確な政策を推進した。それが現在及び将来のわが国のあり方に大きな影響を及ぼしつつあることについては、異論がないだろう。その政策の内容、政策立案手法にとどまらず、背後にある考え方等、幅広い領域についての冷静かつ深度ある考察は、今後のわが国の為に不可欠である。

第４章及び第５章は、アメリカに関するものである。わが国経済における同国の重要性とそれの意味するところは既に十分認識されているが、その政治面、特にわが国の安全保障とのかかわり方については、まだそうではない。私は若い頃から諸外国、特にアメリカについては関心を持っていたが、大蔵省時代にこの国との多くの金融交渉を経験して、それがどのような国であるかについて、一層深く知ることが重要であることを痛感した。近時、この方面での両国の緊密化は「同盟関係にある」と言われる程に進んでいる。だが、それが具体的にどういう意味を持つのか、わが国の生存、独立、安全と具体的にどのようにかかわるのかについては十分議論されていない。その答を得る為には、わが国の視点のみならず、アメリカの視点、世界的視点も必要である。われわれは、そもそもアメリカとは本当はいかなる国かを理解しなければならない。

第3章及び第6章は、私が直接関与したわが国の政策に関するものである。私は、わが国が日の出の勢いで国際的なプレイヤーに駆け上がっていった時代に、重要な課題について国の政策に関与した。近年、この時代の政策テーマについて振り返られることが多いが、当時を知る者の一人として、いかがかと思われる評価や歴史的位置づけが示されることが少なくない。不十分ではあるかもしれないが、私のように当時政策に直接係わった者の率直な見解の表明には、それなりの価値があろうと考えている。第7章は、それ以外のテーマについてのものである。

加えて、この種の本では異例であろうが、私がこれまで行った対談の中で関連の深いもの4編を再録した。これらは、当時の産経新聞の全国版に西日本シティ銀行の広報活動の一環として掲載されたものである。

この4人はいずれも、大蔵省時代の私の同僚である。大蔵省及びその後継である財務省で要職を務め、現在もそれぞれの分野で活躍中の人物である。掲載順に紹介すれば、勝栄二郎氏は財務省事務次官の後、現在は民間企業であるインターネットイニシアティブ（ＩＩＪ）の社長である。荒巻健二氏は途中からアカデミズムに転じ、東京大学教授等を務める一方、わが国のバブル期の分析に関する著作を著す等、研究活動を熱心に続けている。中尾武彦氏及び古澤満宏氏は共に財務省の国際部門のトップである財務官を務め、その後、前者はアジア開発銀行総裁として、後者はＩＭＦ副専務理事として世界的に活躍し、現在は有力シンクタンクのトップである。この4人は、私の理解では大蔵省（現在は財務省）の官僚の中でもいわゆる国際派であり、それぞれドイツ派、イギリス派、アメリカ派、フランス派を代表する人達でもある。これらの人達の見解を紹介することは、国際問題を多く収録したこの本の読者に、他では得られないユニークな視点を示してくれるものと考えている。

最後に、この本の出版は多くの関係者の協力を得て漸く可能となったことを特記し、それぞれに深甚の感謝の意を表したい。

産経新聞出版の赤堀正卓社長には、本の構成、文章、出版のタイミング等、細かいところも含めて格別のお世話になった。

また、現在の安東義隆氏をはじめ歴代の産経新聞西部本部代表、現在の中野謙二氏をはじめ歴代の九州総局長には、長期にわたり「一筆両断」欄への掲載の機会を与えていただき、その内容についても文字通り「勝手に」書かせてもらっている。有難いことである。かつての九州総局長であり、この本の姉妹本である『令和への提言』政と官―その権限と役割」を企画していただいた小路克明氏には、現在も別の立場から各種の助言をいただいており、心強い限りである。

西日本シティ銀行秘書室の萩野裕司室長および長あやか秘書には、この幅広いテーマについて色々と逡巡する私に忍耐強くつきあって何度も原稿の修正をする等格別の御支援をいただいた。

本書が、色々な意味で岐路に立っているわが国の将来を考える際に、少しでも役に立つことがあればと願っている。

2024（令和6）年9月　残暑厳しい福岡にて

**久保田 勇夫**

# 戦後レジームからの脱却を　目次

## 第4章　アメリカとは何か



## 第5章　競争社会としてのアメリカ

## 第6章　日米交渉とポール・ボルカー

## 第7章　変動する世界秩序

# 第1章　戦後レジームからの脱却

戦後レジームからの脱却を考えるうえで重要なポイントとなる、「戦後70年の首相談話」について記者会見する安倍晋三首相（2015年8月14日、首相官邸）

## わが国のアイデンティティーを問う

今後のわが国のあり方を考えるときに、憲政史上最長を記録した安倍晋三内閣の政策についての深く慎重な評価は不可欠であろう。この時期の政策に関しては、世上、〝アベノミクス〟と評されるその経済政策が格段に注目され、それについて議論されることが多い。それが国民生活に重大な影響を与えてきたことを考えれば、それも当然であろう。

しかしながら、私は、今後惹起されるであろう進展の可能性も含めて、この内閣の政治・外交分野の政策の評価を議論すべきだと考えている。恐らく当の為政者もそう考えていたに違いない。

そこで、詳しくもないのにいささか気が引けるが、私なりにその政治・外交分野の政策について感ずることを述べることとしたい。

結論を先取りして述べれば、それは次のようなものであろうと考えている。

その第1は、この内閣は戦後初めて、わが国のあり方について「これで良いのか」と国民に問いかけた内閣であったろうということである。過去にもそういう問題意識を持ったリーダーはいたはずであるが、国のトップとしてこれを明確に打ち出したことはなかったのではなかろうか。歴史上初めて、その独立を否定されるという経験をし、それに伴うさまざまな異常な環境の下で国家の概要が作られた戦後のわが国にとって、これは当然問うべき問題であった。そして、この問いに答えるためには、結局わが国のアイデンティティーは何かについて答えなければならない。このような問題を提起したこと自体、十分に評価に値するものであったと考えている。

第2に、とはいえ、この内閣は国民からその答えを引き出すことはできなかった。そうするためには、このテーマについて国民の間に幅広い議論を引き起こす必要があったし、また、自らの気に入らないものを含め、さまざまな見解を自由に表明させせなければならなかった。ところが、為政者は幅広い議論を許さず、自らの結論を押しつけることに急だったように思う。経済政策の場合と同様である。

この結果、せっかくの重要な問いかけも所期の成果を生むことはなかった。それどころか、むしろ安易に他国の仕組みや制度を取り込むことによって、狙ったところとは逆の結果をもたらしたところもあるように思われる。

第3に、従ってこの時代の政治・外交政策の評価は、わが国において今後このテーマについて国民がどういう議論を行い、どういう政策を選択するか、にかかっているように思う。言い換えると、その真の評価は今後のわれわれの行動次第でもあるということである。

この時期の政治・外交政策の狙いは、一般的に「戦後レジームからの脱却」と言われる(「戦後レジーム」の厳密な定義は難しいが、以下、わが国が第二次大戦後の占領下に、恐らく外部からの政治的意図に強く影響され、十分議論されずに作られたと思われる諸制度およびそれを支えた考え方という意味で使いたい)。私がここで採り上げる理由の一つは、私自身がこの問題提起に共感するところが多いからである。

## ■「国破レテ山河在リ」

私がわが国のあり方を考えるようになったのは、その育った環境も影響している。振り返って、わが国は江戸時代以降、その対外的要因に対処するために大変な経験をしてきた。私が生きてきた時代もそうであった。第二次大戦中に、わが国の大部分の都市は米軍によりその中枢部を破壊され、無差別攻撃の極みとも言える原子爆弾が2都市に投下された。満州などいわゆる外地にいた人々の多くが悲惨な目に遭い、生き残って内地に帰国した人の中にはその記述がはばかられるほどの経験をしている人もいた。

私は、現在は福岡市となっている糟屋郡和白村で育った。かつて「東洋一の国際空港」と称された「雁の巣飛行場」は「ブレーディー飛行場」と名を変え、米軍機が駐機していた。当初、学校では国旗の掲揚や国歌の斉唱が許されていたのは祝日だけだった。新年の訓示では、毎年校長がこの厳しい状況の下で食べていけることについて両親への感謝を忘れないように、そして日本の復興は君たちの役割であると述べた。

福岡学芸大学（現福岡教育大学）附属福岡中学では、国の将来を担う人物を育てることを目指して、当時の社会風潮の下で右翼的と批判されながら、ユニークな教育を行っていた。6月10日の「時の記念日」は、「偉人の日」とされ、当日は誰をなぜ偉人と思うか、という弁論大会などが行われた。心身の鍛錬のため、男子は柔道が必須であり、夏には全校生徒が参加する泊まりがけの海浜キャンプ、冬には1日で60キロを歩く「十五里行軍」が行われた。「第二里を行け（義務以上のことを自主的にやれ）」「不動心を持て」、そして「日本の大樹となれ」が教育のスローガンであった。わが国は現在、かつて杜甫が当時の唐の荒廃を詠んだ「国破レテ山河在リ」の状態にあり、「新日本の建設を目指して進め」と教えられた。

■廣田弘毅・緒方竹虎……

県立修猷館高校に進んだが、そこは明治以降わが国の近代史に活躍した人物を多く生んだところであった。明治憲法を起草した金子堅太郎は、日露戦争が始まると早々に渡米し、ハーバード大学で同窓であった、時のルーズベルト大統領を含め、米国の関係者にこの戦争の終結のための根回しを行った。「戦時宰相論」を書くなど、太平洋戦争を開始した東条英機首相の批判を続けた雄弁な政治家、中野正剛は、ついに自殺に追い込まれた。外交官であった廣田弘毅は、その外相・首相時代の責任を問われてA級戦犯として極東軍事裁判において、唯一の文官として絞首刑を宣告された。

私が入学する2年ほど前には、ジャーナリストから政治家に転じた緒方竹虎が、創立記念日に講演を行っていた。本人は、自由党総裁として保守合同をリードし、その後誕生した自由民主党の総裁代行委員となったが、総理の座を目前に死亡している。その追悼本に記載されている講演録によれば、彼は後輩たちを前に「われわれがやり残した日本再建をやり遂げて欲しい。特に占領軍に強制された憲法を是非改正して欲しい。これでは気迫というものが浮かんでこない。これを自主的に検討し、もう一遍憲法を書き直す必要がある。これを伝える為にやってきた」と述べている。

私は上京して1962年に東京大学に入学したが、東京の雰囲気は九州・福岡のそれとは異なるものであった。

（2023年6月13日）

## されどわれらが時代　「60年安保闘争」の余韻

入学当時の東京大学には、いわゆる「60年安保闘争」の余韻が強く残っていた。キャンパスには、中華人民共和国が定めた簡略化した漢字で書いた、学生運動家による政治的スローガンの看板が立っていた。時折、そのリーダーたちが、宣伝カーの上からマイクを使って、一般学生に対して街頭デモへの参加や、抗議のためのストライキを実施することを呼び掛けていた。

われわれが入学する2年前の１９６０年1月には、岸内閣（岸信介首相は安倍晋三元総理の祖父である）が、米国との安全保障条約の改訂条約に調印したが、それに反対する街頭でのデモを含む幅広い運動が起こり、6月には全学連のデモ隊が国会に乱入、警官隊との衝突の中で東大生樺美智子が死亡した。

新条約は結局、衆議院での強行採決を経て、参議院での採決を経ずに自然成立したが、混乱は収まることなく、7月に岸首相は退陣し、池田勇人内閣が誕生した。同内閣は「所得倍増計画」を発表し、社会の関心は、政治、それも安保闘争の争点であった「再軍備」から経済に移っていった。私の大学における4年間は、この池田内閣およびその後を継いだ、岸信介の実弟である佐藤栄作を首班とする佐藤内閣の時代であった。

私には、こういう東京の雰囲気や動きには違和感があった。何よりも、福岡から出てきたのは勉学のためであり、政治活動をするためではない。戦争反対を唱える彼らの言う「戦争」とは抽象的なもののようであり、私が幼い頃地元で見聞きした苦難を伴った具体的な事柄とは無関係のもののように思われた。われわれは福岡で、わが国のあるべき将来の姿を論じたが、ここではわが国の望ましい具体的な姿についての議論はなかったように思う。あったのは現に確立されていた制度の変更をどう防ぐかであった。「戦後レジーム」との脈絡で言えば、これをいかにして守るかであったのである。

## ■芦部信喜教授の「憲法」

1964年4月、法学部に進んだ。我妻栄、宮沢俊義、田中二郎、団藤重光、岡義武、といった一時代を画した教授は引退しており、次の世代を担う中堅たちが台頭しつつあった。その中で私たちの学年に対して「憲法」を講義した芦部信喜教授は地味な存在であった。大変誠実そうな人で、講義はわかりやすかった。ただ、はなはだ不遜なことではあるが、学者として本当に大丈夫かという印象を持った。

外地から復員して、既に成立していた「日本国憲法」を読み、その立派さに感激して涙が出た、と言うのである。自分が冷静に取り組むべき研究対象である憲法に感激して、果たしてその客観的な評価ができるのだろうかという疑問である。また、その主な条文の成立過程を詳しく説明してくれたが、その結論はいずれも、わが国と占領軍とのさまざまなやりとりの結果たどりついた現在の規定が最も適したものであるということであった。両者の力関係と偶然も作用してたどりついた結論が、常にベストであるということはあり得ないのではないかと考えた。後年、いわゆる芦部憲法は斯界《しかい》の本流となり、同教授は、晩年、学士院会員、文化功労者にも選ばれている。優れた業績を残された結果だと思うが、当時としては予想できないことであった。

私は、憲法はしっかり勉強しようと思い、宮沢俊義教授著のコンメンタール(逐条解説書)「日本国憲法」(日本評論新社)を購入した。驚いたことに、そのすべてに英訳がついていた。著者はこの本の「はしがき」に「これについては、おかしいという批判があると思う。(しかし……日本国憲法制定の仕事は、……つねに当時日本を占領していた連合軍最高司令部の諒解《りょうかい》を得てなされたのである。しかもそのときの諒解は、ことの性質上、英語を通じてなされたのである。もちろん日本国憲法の正文は日本語であり、英語は単なる訳文にすぎないが、……その各条文を正しく解釈するために、その英訳が非常に参考になることは明白だろう」と書いている。

私は、遠く下って、１９９１年2月11日付の米国の有力誌「ＴＩＭＥ」に、日本国憲法を「米国が原案を書いた憲法」とし、「１９４５年の勝者は、その敗者に対して、意のままに平和主義を教え込んだ」とあるのを見いだすことになる。

## ■素晴らしい英語の「前文」

当時、日英両文を比較して注目したのは、憲法の「前文」の部分であった。私はＥＳＳに所属し、英語のスピーチを得意としており、その評価には多少の自信があった。

そういう目から見ると、この憲法の「前文」は、英語のスピーチとしては素晴らしいものであった。用いられている言葉は、そのコンセプトも含めて実に明快であり、話の構成もしっかりしていた。しかし、日本文としてはそうではなかった。わが国の基本的なあり方を定めるべき憲法の「前文」ということであれば、それを構成する概念も、論理構成も、それらのベースとなる価値観も、日本のそれを踏まえたものでなければなるまい。その文章も立派な日本文であるべきであろう。

顧みて、私はこの大学時代に、わが国の制度的および思想的「戦後レジーム」の存在をはっきりと意識し始めたように思う。

（２０２３年7月18日）

## 歴史的な文書「戦後70年談話」

２０１５年8月に発表された「内閣総理大臣談話」（いわゆる「戦後70年の首相談話」）は、極めて優れた歴史的文書と呼ぶに値するものであり、熟読玩味すべきであると考えている。「戦後レジームからの脱却」を考える上で、特にそうである。残念ながら、われわれは、恐らくこの決定に関わった多くの政治家たちも含めて、その真価を十分理解していないのではないかと考えている。個人的には、かつて霞が関において時としてこういう文書の原案を作成する立場にあった者として、この談話の原案を作成した人物に深い敬意を表したい。

近年、8月15日の終戦記念日には、時の総理大臣が戦後談話を発表することが恒例となっている。そして、その中で第二次大戦中のアジア諸国に対する行為に対して、どういうことを述べるか、具体的にはその中に「侵略」「おわび」「植民地支配」「痛切な反省」が盛り込まれるかが注目されてきた。この年もそうであった。

## ■世界史の中で捉える

そこで、「先の大戦への道のり」という部分を中心に、この「70年談話」を論じてみたい。まず注目すべきは、このテーマを長期的な世界史の流れの中で捉えていることである。ここではわが国が世界に登場する前に、既に世界のほとんどが西欧諸国の植民地となっていたこと、その中でわが国は独立を守るために、多大なコストを払いながら、国内的には近代化を図り、対外的には日露戦争などを戦ってきたことを述べている。すなわち、わが国のこの時期の行動を評価するにあたって、わが国のそれを抜き出して論ずるのではなく、その時代における世界の流れの中で捉えているのである。

第2点は先の戦争の道のりについてのわが国の見解を明確に示していることである。この「談話」は、世界恐慌が発生し、欧米諸国が植民地を巻き込んだ経済のブロック化を進めたこと、それによって日本経済は大きな打撃を受けたこと、そしてその打開策として誤って武力の行使に走ったこと、を述べている。客観的な記述であるが、極めて大胆なことを述べているのである。なぜ大胆かというと、もしそうであれば、欧米諸国による経済のブロック化がなければ、日本は戦争に走らなかったであろうということになるし、わが国による武力行使の遠因は欧米諸国が進めた経済のブロック化であるということになるからである。これは、欧米諸国に対する極めて強いメッセージのはずである。

第3点は、この時代のわが国の対応について厳しい批判をしていることである。わが国はそういう外交的、経済的な行き詰まりを、武力の行使によって解決しようと試みたこと、そして国内の政治システムは、その歯止めたりえなかったと述べている。すなわち、わが国の政治システムが機能しなくなった結果、先の大戦となった、戦争に導いたのは政治の責任であると述べているのである。

## ■巧妙な文章構成

次に注目すべきは、この文書が極めて巧妙に作られていることである。何故ならば、その筋書きとなる論理を展開する中で、わが国がこれまで正面切って主張しなかったこと、あるいはさまざまな理由でそれを差し控えてきたこと、についてさりげなく触れていることである。その第1は、わが国もこの戦争で多大の苦しみを味わったことである。広島、長崎への原爆の投下、ほとんどの都市に対する空襲、沖縄の地上戦、などが具体的に述べられている。抽象的にではあるが、シベリア抑留、戦後も続いたソ連軍の暴虐などが示唆されている。先の戦争とはそういうものであったし、その中でただわが国の行為のみを非難の対象とすることについての暗黙の抗議が示されていると読むことができるのである。

第2に、近代のこの一連の動きの中における民族独立の動きを系統立てて紹介している点である。先に述べた植民地化とされることを避けるためのわが国の近代化、第一次大戦後の民族自決の動き、それを踏まえた国際連盟の創設などを述べている。そして敗戦をしたわが国は、「植民地支配から永遠に訣別し、すべての民族の自決の権利が尊重される世界にしなければならない」などと誓ったと述べている。近代史に詳しい人であれば、第一次大戦後アメリカの大統領が民族自決を一つの原則として国際連盟を提唱したこと、にもかかわらずその原則は国際連盟の憲章には採り入れられなかったこと、そしてアジアでは多くの国において第二次大戦後も独立戦争が続き、結局全ての国が独立し今日に至っていることを想起するであろう。これは多くの途上国を意識したメッセージとみることができる。だとすれば、これは世界で広く読まれるべきものであろう。

以上、要するにこの「談話」は、単にわが国の先の大戦における行いについて、痛切な反省と心からのおわびの気持ちを表明しているだけの文書ではない。冒頭、熟読玩味すべきであると述べたのはそういう意味である。

（2023年9月5日）

## 米国議会上下両院合同会議の総理演説

2015年8月の「戦後70年の総理談話」が不当に過小評価されているのとは対照的に、その4カ月前の4月29日に安倍晋三総理が米国の上下両院合同会議において行った演説は、過大に評価されているように思う。

この米国議会上下両院合同会議の場は格式の高いものであり、この場で演説をする機会は主要国の首脳であっても簡単に与えられるものではない。わが国でもこのチャンスを与えられたのは同総理が初めてのようである。

### ■大好評の演説

当時、この演説の評価は一般的に極めて高いものであった。現場でこの演説を直接聞いた私の古くからの友人も、帰国直後、素晴らしかった、時折、出席者の全員が立ち上がっていわゆるスタンディング・オベーションをした、私も大変感激した、と述べた。

私は早速英文を取り寄せて読んでみた。確かに、総理が伝えたかったであろう最大のメッセージは十分伝わったはずだ、というのがその第一の感想であった。わが国が自由、民主主義、法の支配という基本的な価値観を米国と共有していること、今後もさらに米国と協調して世界の安全と平和に貢献するつもりであることを強調していた。併せて、第二次世界大戦後、今日まで米国がわが国にさまざまな支援をしてくれたことを忘れておらず、感謝していると述べている。

また、その論旨の展開においても、総理の個人的な経験を採り入れ、主張したいことにかかわる個々人の名前や具体的な事例を用いるなど、聴き手を十分意識したものであった。第二次大戦後の世界の平和と安全は米国のリーダーシップなくしてあり得なかったことを指摘したことを含め、これが米国人にとって満足すべきスピーチであったことは間違いがない。

## ■わが国を語らなかった

ただ、今日読み返してみて改めてその感を強くしたことがある。それは、世界の動きに圧倒的な影響力を持ち、かつ、わが国の命運を左右する関係にあるこの国の政治的指導者たちに対して、この絶好の機会に、なぜわが国を語らなかったのであろうか、ということである。

日本とはいかなる国であり、どのような歴史を持ち、これから世界の中でどのように生きていくつもりかを示すべきではなかったか。前回のこの欄で紹介した、この4カ月後に発表した「戦後70年の総理談話」のように、わが国を世界史の流れの中で捉え、述べるべきであった。つまり、わが国が世界に登場する前に、既に世界のほとんどが植民地となっていたこと、その中でわが国は国内的にはアジアで最初に立憲政治を打ち立てるなど、各種の近代化を図り、国際的には日露戦争など多大なコストを払って独立を守ってきたことや、第一次大戦以降の民族自決の動きを強く支援し、現在もアジアの諸国を始めとした途上国のために努力して世界に貢献していることなどである。

そして、米国とわが国との関係について、もう少し基本的なことを述べてほしかった。「日本にとって、アメリカとの出会いとは、すなわち民主主義との遭遇で……出会いは150年以上にさかのぼり……」などと述べているのであるから、これまで及び今後の日米関係の基本的認識についての言及があってしかるべきであろう。

特に第二次大戦およびそれ以降についてそうである。演説の中で、真珠湾、バターン・コレヒドール、硫黄島など具体的な地名に言及し、そこで斃《たお》れた人々を追悼し、また戦後の「焦土と化した日本に、子どもたちの飲むミルク、身につけるセーター……が届いた」ことなどに感謝の意を表している。

だとすれば、「戦後70年の総理談話」で述べているように、なぜわが国が第二次大戦に走ったかについてのわが国の認識に言及すべきであった。その談話では、欧米諸国が進めた世界経済のブロック化によって大きな打撃を受けたわが国が、その打開策として武力の行使に走ったこと、そしてわが国の政治のシステムがそれを阻止し得なかったことを記している。

また、冷静に考えてみるとわが国を「焦土と化した」のは他ならぬ米国である。なぜわれわれはその国と密接な関係にあるのか、またそれをさらに強めようとしているのかについて説明することはむしろ当然ではなかったかと考えている。

## ■「社交であって 外交ではない」

その約2週間後、西日本新聞の「社会時評」欄で東京大学大学院の吉見俊哉教授による論評を読んだ。「ここまで米議会に気を使うのか」という書き出しのこの文章には、ドイツのメルケル首相やイスラエルのネタニヤフ首相、韓国の朴大統領、メキシコの大統領らが、かつてこの場で行った演説と比較をしながら、厳しい評価を下している。

要は、彼らは米国にとって甘いことだけを述べたわけではないというのである。それをまとめて「社交であって　外交ではない」という見出しがつけられていた。随分厳しい評価だと思ったが、残念ながらそう評されても仕方がないところがあると考えている。

（2023年11月8日）

## 「日本国憲法」の改正――

史上最長の安倍晋三内閣が目指した政治上の最大のテーマは「戦後レジームからの脱却」とされている。ここにいう「脱却」の核心が「日本国憲法」の改正であり、それも「自衛隊」の位置づけも含めた第9条であったことは、最近新たに開示されつつある同人の生前の言行からも明らかであろう。

しかしながら、そこで提起された問題は、「憲法改正」よりもより幅広く、かつ深いものであったように思う。むしろ、「戦後レジーム」という言葉をこのシリーズの1回で述べたように「わが国が第二次大戦後の占領下に、恐らく外部からの政治的意図に強く影響され、十分議論されずに作られたと思われる制度およびそれを支えた考え方」という意味で使いたい。

そのポイントは、「戦後レジームからの脱却」として通常論じられていることとは、戦後導入された各種の制度や仕組みを見直すべきことと考えられているが、それに加えて、制度や仕組みを支えている考え方も「戦後レジーム」ととらえてそれからの脱却を目指すべきではないかということである。

## ■占領下に定められた新憲法

若い頃から国の歴史に興味を持ち、大学で法律を学び、社会人としての大半を霞が関で国際関係を中心に国の行政に携わった者としての率直な評価は、この憲法はとうの昔に改正しておくべきだったろうということである。

その理由は、何よりもこの憲法が、日本がその独立を否定され、占領軍の下にあるという異常な状況の下で制定されたものだからである。それは単に抽象的にそうであったというだけではない。その下では具体的に、例えば新聞報道の内容も、ラジオ番組のテーマも、占領軍が事前に了解したものでなければならなかった。注目されることは少ないが、この時期、占領軍によって好ましくないと判断されたわが国の過去の書籍の出版も禁止されていた。すなわち、そこでは占領軍による世論操作が公然と行われていたのである。こういう状況下で、国民が国の真のあり得べき姿を模索すること自体無理であろう。

また、日本国憲法(21条)は、「一切の表現の自由は、これを保障」し、「検閲は、これをしてはならない」としているが、上記の事実はこの憲法制定自体が、それが禁じた状況下で行われたことを示すものであり、論理矛盾の産物であることを示していると言えよう。他方、同じく敗戦国であった西ドイツは、占領下において自国の独立の回復までの憲法として「ドイツ連邦共和国基本法」を制定し、独立後、この憲法について数々の修正を行ってきている。

日本国憲法の前文を注意深く読むと、先に述べた異常な状態が透けてみえる。例えば、日本国民は「……平和を愛する諸国民の公正と信義に信頼して、われらの安全と生存を保持しようと決意した」とある。これは、わが国の安全と生存が困難だという前提に立った文章である。また「……国際社会において、名誉ある地位を占めたいと思ふ」ともしている。これは現在名誉ある地位にないこと、あるいはそれを維持することが困難な状態であることを頭に置いた文章である。

更に「……いづれの国家も、自国のことのみに専念して他国を無視してはならないのであって、……この法則に従ふことは、自国の主権を維持し、他国と対等関係に立たうとする各国の責務である……」とは、現在わが国の主権の維持が難しく、かつ現在他国と対等関係に立ってないことを想定して書かれた文章である。きちんとした独立国のどこが、こういう考え方に立脚した憲法を長く放置しておくだろうかと思うのである。

## ■厳しい世界環境

憲法を改正しておくべきだったというもう一つの理由は、その基本的な部分に関するものである。この憲法は、国の存立に関して「日本国民は……平和を愛する諸国民の公正と信義に信頼して、われらの安全と生存を保持しようと決意した」としている。「平和を愛する諸国民」が厳密にどういう意味であるかについては、講学上、幾つかの解釈がある。また、他国の善意などというものは、国際社会の現実において、いざという場合に頼りになるものではない、という批判は当時からあったとされている。

現実問題として、憲法制定時以降も世界では、力を背景とした東西の対立、朝鮮戦争、スエズ動乱、ベトナム戦争、近くはロシアによるウクライナの侵攻、東アジア近隣諸国の急速な拡張政策、直近のパレスチナの紛争が続いている。実際はこういう考え方によって国家の安全と生存を維持することが極めて困難であることの証拠であろう。

憲法改正の動きは、1951年のサンフランシスコ講和条約締結による独立回復前後から高まり、その後も何回か改正の機運が盛り上がったが、未だ手つかずである。この間、歴代の政府は変化する国際環境に対応すべく、この憲法の条文の弾力的な解釈によって何とか対処してきたが、そうも言っておられない状況が出現しつつあるというのが実態であろう。これらの点を、改めて広く国民に強く訴え、憲法改正についての手続きの整備とその内容の見直しの議論を強く推進したのが、安倍内閣であった。

そして、このシリーズ第1回で述べたように、この時代の政治・外交政策についての評価は、今後国民がどういう判断を下し、それをどう実行に移すかにもかかっているように思う。それは今後の国民の行動次第でもあるということである。

（2024年1月16日）

# 「思想的戦後レジーム」の存在

程度の差はあろうが、人は年をとると昔を振り返ったり、己を見つめ直したりすることが多くなるようである。私の場合、牛が反芻《はんすう》するように、折に触れて同じテーマについて考えてきたように思う。その一つが、わが国は国力にあれほど差があるアメリカとの戦争になぜ突入したのであろうか、についてである。これを問い続けていくうちに、あの戦争のもたらした結果がいかに悲惨なものであったか、敗戦というものの意味が何かを、われわれ自身が本当に認識しているのだろうかと思うようになった。

それは、東京を始め大部分の都市が破壊されたとか、GDPが何十分の一になったとかいう、目に見えるものだけではない。物の考え方、厳密に言えば社会を支配する思想についてもそうであるのではないかと思うようになった。このシリーズの脈絡で言えば、われわれは制度や仕組みとしての「戦後レジームからの脱却」を議論しているが、それに加えて、思想についてもその戦後レジームからの脱却を目指すべきであろうと考えるようになったのである。

## ■「玄洋社」と頭山満

私は随分前から、世の中を支配している判断基準が少しおかしいのではないかと感じていた。例えば、かつて私と同じ修猷館で学び、長い間唯一の福岡県出身の総理大臣であった広田弘毅の評価についてである。彼は第二次大戦後のいわゆる極東軍事裁判でその「平和に対する罪」、その中でも「侵略戦争の共同謀議」と「対中国侵略遂行」の責任を問われて絞首刑の判決を受けた。死刑判決を受けた7人のうち唯一の文官であった。

確かに戦争遂行について重要な決定をした際の外務大臣や総理大臣ではあったが、元々職業外交官であり、中国については若い頃から格別の関心を抱き、それとの宥和《ゆうわ》を目指してきた人物であった。高潔な人物ではあったが、政治家として格別力があったとは聞いていない。総理になったことも、成り行きでそうなったところがあり、当時、口の悪い人からは広田総理ではなく「拾った(ヒロッタ)総理」だと言われたとは子供の頃聞いた話である。

極東軍事裁判では、当人が「玄洋社」の社員であったことが大きく問題とされた。玄洋社は第二次大戦後、国家主義の右翼団体としてGHQ(連合国軍総司令部)により解散させられた団体であり、われわれが学生であった頃の歴史辞典では、その「社会的意義は、……日本の右翼国家主義団体の先駆者としての役割と、政界の裏面における謀略的工作の影響力とにあった」、その創設者である頭山満は「日本の侵略主義・帝国主義の尖兵たる黒龍会等の大陸浪人を支配する黒幕的存在として、日清・日露戦争、朝鮮併合等に暗躍した」(『日本史小辞典』山川出版・1957年)としていた。

これらにも違和感があった。頭山満は、日本に逃亡してきた朝鮮半島の独立運動家である金玉均、朴泳孝を匿っているし、孫文などを助けて辛亥革命の達成に努め、インドの独立を目指したラース・ビハーリ、ボースを庇護《ひご》したりしている。近年の日本史小辞典の記述は、より客観的になってはいるが、それでも先述した思想の残滓がみられる。

## ■西尾幹二の「GHQ焚書図書開封」

あれこれと読んでいるうちに、われわれの世代は、わが国にとって極めて重要な書籍を読んでいなかったことに気がついた。正確に言えばそれらを読むことが困難な状況に置かれていたのである。衝撃的であったのは、1939年に出版されたちまち数十万部のベストセラーになった大川周明の「日本二千六百年史」の復刻版を読んだ時である。「大東亜戦争の理論的指導者」などとして、極東軍事裁判でA級戦犯に指定されたが、被告席で前の列にいた東条英機の頭をたたいたりして、精神疾患を理由に免訴されたこの人物は、恐るべき思想家であると知った。そのいわゆる「皇国史観」や先の戦争の位置づけについて異論のある人であっても、当人の学問の深さ、わが国のそれぞれの時代の宗教や哲学と時の政治や社会の仕組みとの関連についての深い洞察、各国の歴史についての的確な把握に驚愕《きょうがく》するに違いないと思った。

世の中を支配している判断基準がおかしいのではないかという感想をさらに強め、その大きな原因にたどりついたのは、西尾幹二の「ＧＨＱ焚書図書開封」シリーズという一連の本に出合ってからである。それによればＧＨＱは、第二次大戦後、わが国で戦前に刊行された大量の刊行物の流通を禁止し、長期にわたりわが国民がこれらを読むことを不可能にしたという。その検討対象とされた著作は１９２８年から１９４５年9月初までにわが国で刊行された約22万点であり、その内、実に７７６９点が流通禁止とされたという。先の大川周明の本もその一つである。

このシリーズは、これらの本のごく一部の具体的内容を紹介しているが、要は占領軍にとって日本国民に広く知られると都合の悪いもの、将来のわが国の復活や再活性化に役立ちそうな内容のものが流通禁止とされたということである。それは怪しからんことではある。だが、戦勝国として、この旧敵国を平和裡に管理し、自らの好む方向に導くと共に、歴史的に強靱《きょうじん》な日本が再び自らの脅威とならないようにしたいという願望があったとしてもそれは当然だと考えるべきだろう。

## ■思想は制度を支える

われわれの世代を含め、戦後世代はそういう環境の中で育ち、そういう状況の下での教育を受けてきた。だとすれば、わが国はその思想についても「戦後レジーム」からの脱却が必要であるということになる。なぜなら、現在の各種の制度や仕組みはそういう思想にも支えられているからである。「戦後レジームからの脱却」は誠に容易ならざることである。

（2024年3月12日）

## 「アイデンティティー」は国の基盤

私は子供のころから読書が好きであった。中学時代は文学作品を多く読んだが、高校に入り、吉川英治の「三国志」から中国に格別の興味を持つようになった。「水滸伝」「金瓶梅」に進み、転じて中国の歴史を追った。太古から南宋の滅亡までの歴史「正史」をベースにまとめた十数巻の「十八史略物語」を読み、さらにそれ以降の「続・十八史略物語」に進んだ。

1962年に東京大学に入ったが、当時の駒場キャンパスは中国共産党革命礼賛の雰囲気であり、私も革命を率いた毛沢東の基本的論文や、「大西遷」を含む中国共産党の展開を記述したエドガー・スノーの「中国の赤い星」などを熱心に読んだ。教養学部での上原淳道助教授の「東洋史」は試験ではなくレポートの提出で単位を与えるということになった。私は、中国共産党のリーダーたちが次々に政敵を倒していった手法が、いわゆる中国四千年の歴史に出てくるそれと同じであるという具体的事例を示し、大変革を標榜する中国共産党もその本質は中国古来の伝統を引き継いでいることを述べた。評価は「優」であった。

## ■複雑怪奇な国際社会

大蔵省に入り、そこに30年以上勤務したが、その後半は専ら国際部門を手がけた。日米金融摩擦がピークとなった1980年から90年代の中ほどにかけてのほとんどの日米金融交渉に直接関わった。この国は個々の人物の能力もさることながら、組織として極めて強靱な国であり、その長期的かつ戦略的な対応は日本の比ではないと感じた。

米州開発銀行の増資交渉の際、その真の相手はヨーロッパの主要国であり、日本の頭を押さえたい独、伊であった。この交渉で、かつてヒトラーが述べたとされる「条約とは一片の紙切れに過ぎない」という思想が健在であることを知った。

関税局長時代、ASEM（アジア・ヨーロッパ）関税局長・長官会合の創設にかかわった。その時、同じアジアではあるが、イランは特異な国であるという印象を受けた。また、村山富市総理の中東訪問に随行した。サウジアラビア、エジプト、シリア、ヨルダン、イスラエルという相対立する諸国をまとめて訪れるという、今では考えられないミッションであった。この地域が、われわれの予想をはるかに超えた地域であること、それぞれの国がかなりユニークであることを感じた。イスラエルについては特にそうであった（ちなみにわれわれが面会したラビン首相は、その1、2カ月後に暗殺された）。

こういう中で私は、世界は実に多種多様であるということを学んだ。われわれが思いもつかないような考え方に立脚した組織や国が共存している。その中でただ漫然と、他もわが国と同様であるという前提で世界に対処するのは極めて危険なことであろう。

また、それぞれの国には、その国の特性があり、それが国家を束ねているということを悟った。「アイデンティティー」の存在とその強さこそが国家の基盤であろうということである。手元にあるSOED（Shorter Oxford English Dictionary）は、これを「同じであることを説明するもの、或いは同じであることであるための条件」と定義している。こうしてみると、現在の中東ガザ地域における紛争は、「アイデンティティー」を有するグループがそれを国というレベルに維持すること、またはそれをより確実なものとすることにかかわる争いであることがわかる。また、時として生ずるクルド人にまつわる不安定は「アイデンティティー」を共有するグループがそれを国へと昇華させようと努めていることに関するものであるということになる。

かくして、私は安倍晋三内閣の「日本人とは何か」という問いかけが実に重大な意味を持っていることに気付いた。その含意は、われわれは長い間、わが国の「アイデンティティー」を問うことを忘れている。それは極めて危険である。放置すればわが国は複雑怪奇な国際社会の中で消滅する恐れがある。それで良いのかという問いかけである。

## ■ユニークな国日本

私はこの日本という国はユニークな国であるとつくづく思う。

何よりもこの二千年間、その独立を維持してきた。中国大陸を支配した王朝が超大国となり、その周辺諸国の多くを自国の版図に入れた時期もそうであったし、欧州諸国がその圧倒的な産業力・軍事力を背景に地球上のほとんどの地域を政治的・経済的に支配した時代もそうであった。第二次大戦後、文字通り完膚なきまで破壊された日本は、その後不死鳥のように蘇り、唯一の非欧米諸国として世界の政策をリードしている。

国家や社会の変革の仕方もユニークであるように思う。多くの国において、その変革は前の制度や考え方の完全な否定、過去との断絶によるが、わが国はそうではない。新しいものも、古いものとの連続性を保ちつつ生まれてきている。いわば、現在は過去の積み重ねであるという感覚である。

他者への配慮という考え方もそうである。世界的に珍しいとされる「渋谷のスクランブル交差点」でのスムーズな人の交差は、他への配慮の結果である。その背後には世の中には正解はただ一つではなく、複数あるかもしれないという謙虚さがあるように思う。これは欧米諸国にもイスラム諸国にもない考え方である。

ひるがえって、わが国がユニークであることは、同類が少ないことを意味するし、そのことはわが国の世界における生存基盤の潜在的弱さを意味しよう。だからこそ、先に述べた安倍内閣の警鐘の意味は一層格別なものがあると考えている。

（2024年4月23日）

# 第2章「アベノミクス」を超えて

衆院財務金融委員会で金融政策について答える黒田東彦日銀総裁（2016年7月24日、衆院第15委員室）

## アベノミクスの評価を十分に

2022年9月27日、東京の日本武道館において故安倍晋三元総理の国葬が執り行われた。元総理が凶弾に倒れるというようなことは予想だにできなかったことであり、改めて元総理のご冥福をお祈りしたい。

### ■福田赳夫氏の葬儀

27年前の1995年9月、大蔵省(現財務省)関税局長であった私は、この武道館で行われた福田赳夫元総理の内閣・自民党合同葬に出席した。随分前の話であるが、この葬儀での旧西ドイツのシュミット元首相の弔辞は今でも印象に残っている。本人は、福田元総理らとともに、かつての世界のリーダーたちが毎年集まって世界のあり方を議論するいわゆる「OBサミット」の有力メンバーであり、弔辞を述べるため日本に来たということであった。

「この男(彼は〝This man〟と呼びかけた)は、実に立派な男であった。あの第二次大戦をもたらした分断に世界を導いてはならない。そういう経験をしたわれわれには、世界を二度とそういう事態に至らせないようにする義務がある、ということを主張し、われわれはそういう考えの下で集結し、いろいろ具体的な提言を行ってきた」といった内容であった。短いスピーチではあったが、感動的なものであり、その日本語訳は直ちに会場に配布された。

この小文を書くにあたり、この「OBサミット」の公式サイトを参照したが、そこには、福田赳夫氏がこの「OBサミット」の創設者であると記されていた。同人が1983年に世界に提唱して、この会合が始められたというのである。そしてシュミット氏は、この会合の議長を足かけ9年間務めた由である。

私はこの葬儀で、私の採用時の大蔵大臣で、若い頃に1、2回その通訳をしたご本人が高邁《こうまい》な志の持ち主であり、世界的にそういう高い評価を受けていたことを知った。

## ■歴史的に重要な安倍晋三内閣

現在に視点を戻す。この第一次内閣を含む通算の在職が歴代最長である安倍氏が総理だった時代は、さまざまな意味において極めて重要な時代であり、その政策については十分、かつ早急に、吟味すべきであると思う。その理由は次の通りである。

第一に、長期政権であること自体、わが国にとっては大事なことであった。対外的には「日本は毎年行われるサミットごとに新しい総理が出てくる」と揶揄《やゆ》され、軽視されがちであったが、それが一変したのである。対内的には、長期的な政策の実施が可能となり、その各分野における政策が、わが国の社会経済に大きな影響を与えたからである。

第二に、この時代について、政治、経済、外交、それぞれの分野において、その政策に対する世間の評価が大きくかつ極端に分かれているからである。

第三に、その政策の故か、時代の変化の故か、この時代の政策についての評論や、政策関係者自身による回顧録が既にかなり出回っており、評価をするための素材が多く提供されているからである。

第四に、放置すれば、この重要な内閣についても、これまで時折見られたように、後世の、その時代をよく知らない人々によって、的を外れた評価が行われ、それが定着する可能性があるからである。

今後、複数回にわたって、この安倍内閣及び、それを継承した菅義偉内閣の政策について、広く「アベノミクス」という名称で知られるその経済政策を中心として、とりあえずの総括を試みる。

（2022年10月4日）

## 政策の説明と議論が不十分

「アベノミクス」を始めとする安倍晋三元総理の主要政策は、厳密には2012年に成立した第2次安倍内閣に始まるが、その政策の基調は06年に成立した第1次安倍内閣に遡る。本稿が対象とするこの時期は、世界的にみても08年の「リーマン・ショック」に対して採られた拡張的な財政・金融政策の是正過程の時期と20年に発生した「新型コロナ」への対応の時期であり、全体的に緩和的な金融政策と景気刺激的な財政政策が行われた時期であった。すなわち、世界は正常化に向かいつつあった金融政策を再び超緩和方向へカジを切り、コロナのもたらすさまざまな社会的苦痛対策としての財政支出を著しく拡大させることとしたのである。

中でもわが国の動きは突出しており、世界的観点からその「程度」及び「性質」ともに異常な拡張的金融政策が採用され、極めて大規模、かつ広範囲な財政政策が続けられた。ただ、この背景にはわが国では1990年代の後半以来、現在も続いている、低物価、低成長への対策が求められていたことも考慮すべきであろう。かくして、わが国は現在も毎年の予算の30%以上を借り入れに依存し、その公的債務残高はGDPの260%という先進諸国では異例の事態となっている。金融政策については中央銀行が超緩和政策を継続中であり、将来にわたってもなおこれを続けると宣言している。

他の主要国はいずれもコロナ対応の超緩和政策は終了し、本年に入りアメリカが3月に金利を0・25％引き上げたのを皮切りに金利の引き上げ過程に入った。根強い物価上昇を背景に、金利の引き上げは今後続くことが確実である。財政政策については世界的に財政健全化の視点が強まりつつある。今「アベノミクス」を総括することは、このような世界的環境の下での今後のわが国のマクロ経済政策を探ることでもある。

## ■異例の金融政策

一般的に「アベノミクス」と呼ばれている経済政策は、それぞれ財政、金融、経済構造に関する「三本の矢」から成るが、その中核は金融政策であると言ってよかろう。

2013年3月、新しく日銀総裁に就任した黒田東彦氏は、消費者物価の2％上昇を2年以内に達成するとして、長期国債などを定期的かつ巨額に購入することによりマネタリー・ベースを増大させるという政策を導入した。

この金融政策は一貫して「量的・質的緩和」と銘打たれており、その内容は金利の抑制とマネー・サプライの増大である。短期金利については新総裁就任以前から、市場レートをゼロ％

水準に据え置く政策が採られていたが、2016年2月には短期金利をさらに深掘りすべく、いわゆる「マイナス金利」が導入された。同年9月には「長短金利操作付き」の量的・質的金融緩和策とされ、長期金利もコントロールの対象となった。中央銀行が長期国債などの購入をすることにより、10年物国債金利がおおむねゼロ%程度となるようにするということになり、この政策は現在も続いている。

これらは伝統的な考え方からみれば、異例のことであった。第一に長期金利は市場が決めるものであり、当局がこれに介入しても無駄であるというのが伝統的な考え方であることから、これまでは長期金利が政策目標とされることはなかったが、この長期金利も政策の対象となったのである。第二に、この結果、当局は長期の金利も短期の金利もそして市場の流動性も全てコントロールすることになった。こと金融に関しては、マーケットが機能する場所が消滅してしまったとみることができよう。第三に、この結果、広く世界的にも要注意とされ、あるいはわが国の「財政法」では原則「禁じ手」とされている中央銀行による財政支出のファイナンスが、無制限に行われることを許容することになった。

## ■わかり難い説明

この時期の金融政策としての評価については次回に譲り、ここでは、この一連の政策のわかり難さとその原因について指摘しておきたい。

この日本銀行の政策の目的は一貫して「2%の物価上昇」の達成であるとされている。その措置の具体的内容については、先に紹介した通り実質的に大きな変遷をみているが、それはなぜかが示されていないと言ってよかろう。当初、世界的に「黒田バズーカ砲」と紹介された大量の長期国債の定期的な購入が始まった際には、それは「マネタリー・ベース」を拡大するためであるとされた。その説明の重点は、金融の量であった。これは系譜的には物価は貨幣的な現象であり、従って物価はマネー・サプライを増加させれば上昇するという「マネタリスト」の系譜に属する説明のはずである。ところが、そこまでは示されていない。

次にその重点は先に述べた通り、金利に移った。まずいわゆる「マイナス金利政策」の名の下に短期金利が深掘りされ、ついには長期金利も超低金利に抑え込まれることになった。この間なぜそういうことになったのか、それがどういうプロセスで物価上昇をもたらすのかについて国民を納得させる説明があったとは言い難い。

そのうちに当局の説明から「マネタリー・ベース」という言葉が消え、「期待値」という言葉が多用されるようになった。物価は国民の「期待」に従って決まるので、国民に物価上昇を確信させるためにこのような金融政策を採るのだという説明である。系譜的には「合理的期待形成仮説」に基づく説明である。そして現在は物価上昇との因果関係についての説明はほぼ姿を消し、超低金利政策を続けるのは、現下の経済の要請に応えるためだというような話となっている。

全体として、その政策根拠が国民にきちんと説明されていないように思われる。

振り返って、これは金融政策に限らずここで対象としている時期の政策一般に広くあてはまる特色ではないだろうか。政策当局は、その政策がなぜ必要かを国民に十分に説明しない、それに対して国民が強い不満を表明しない、表明しても当局はそれに十分に応じない。立案過程においても当局の中に、採られようとする政策に意見を異にする者があっても無視され、極端な場合にはその任務から排除される。このようなプロセスが繰り返されてきた時期ではないかという思いである。

そのことが、一方では為政者が、戦後初めて、わが国とは何かという日本のアイデンティティーを問うという重大な試みをしたにもかかわらず、その重要性が国民から十分理解されず、その故にその議論が進展せず、また他方では大胆な経済政策が全体としてその実を上げなかったこと、見方によってはその質が低下していったこと、の大きな原因ではなかったかと考えている。

（2022年11月8日）

## 「大胆な金融政策」の評価

「アベノミクス」の一本目の矢である「大胆な金融政策」を、その公表された政策目的のみで評価すると、それは失敗である。なぜならその目的としている「消費者物価の2％の上昇」の達成は、容易ならざるものだったからである。

しかしながら、経済政策の評価は、その公表された目的だけで評価されるべきではなく、それが経済全体にどういう影響を与えたかを総合的に勘案して行われるべきであろう。

### ■経済の下支えと円の安定

この政策のもたらしたメリットの第一は、景気の下支えに寄与したことである。この時期、世界的には2008年に発生した「金融危機」からの脱却はいまだ十分ではなく、2020年には歴史的な疫病である新型コロナへの対応が求められた。加えてわが国ではそれ以前からの恒常化したデフレ的経済があった。その時期の景気の下支えは大事なことであった。第二に、当時広く求められていた「円高」の是正をもたらした。この結果、一ドル80円台であった円は、早々に110円前後の水準となり、今次の急速な円の下落が始まる以前の21年末までおおむねその水準で安定的に推移した。

他方、この政策に伴うデメリットも大きい。第一に、短期金利に加えて長期金利をも抑制するというこの異常な金融政策は、金利の低下とイールドカーブのフラット化により金融機関の収益を圧迫し、金融制度の不安定化の要因となり、金融資産の利回りの低下を通じて年金制度の脆弱《ぜいじゃく》化をもたらしつつある。第二に、大量の長期国債を定期的に購入するという政策は、その低金利政策と相まって財政規律を著しく弛緩《しかん》させた。第三に、わが国では中央銀行は長期国債に加えて、J―REITおよびETFを購入したが、その結果、これらの資産の価格は人為的に押し上げられているはずである。これらの資産、特に株式や不動産の価格が実力以上に上昇していると考えられ、これはいわゆる「バブル」を形成しているとみられる。

このようにこの政策には相当のデメリットを伴うにもかかわらず、わが国を含め世界はこのような政策を採用した。その理由は、2008年に発生したわが国では「リーマン・ショック」と言われている世界的な金融危機の底が格別深く、また20年初めに広まり始めた新型コロナがもたらす経済的・社会的苦境がそれだけ厳しく、こういう政策を採らざるを得なかったからである。このことは、この政策は本来的にそういう苦境がある程度改善されるか、又はその効果が不十分であると判断された場合には、早急にとりやめるべき短期的かつ一時的措置であることを意味している。諸外国がある程度の成果を得た上で、早々にこの政策から手を引き始めたのは当然であった。

## ■累積する副作用

留意すべきは、この副作用（以下、「デメリット」という言葉の含む価値判断的要素を排除するため「副作用」という言葉を使う）の中には、これから顕在化するものがあるということである。将来、低金利政策が修正され金利の正常化が進めば、それは既に総歳出の22％を超えている国債費の支出をさらに増大させる。その政策の正常化に伴い、現在続いている日銀による大量の国債の購入が減少することになれば、市場による更なる国債の購入が求められ、それは結果として、必要な歳出の確保を困難にする可能性がある。そうでなくとも、既にGDPの260％と推定されるわが国の公的債務の存在は、将来においてもわが国の経済政策への信認を脅かす要因であり続ける。ちなみに年初来の急激な円安の進展をもたらしているのは、日米両国の金利差であると一般的に説明されているが、このわが国の財政状況、更にはわが国の経済政策一般への疑問符がその背景にあることも十分考えられるところである。

かくして、この金融政策についての評価と今後の方向性については次のようにまとめられよう。

「大胆な金融政策」は、それなりの成果をもたらした。ただ、それは本来的に異常時に対する緊急の政策であり、大きな副作用を伴う。その中にはいまだ顕在化しておらず、将来現れるものもある。

この政策は消費者物価を2％上昇させるという公表された目的を達したとは言い難く、その政策の継続によってそれが達成されるという可能性は低い。他方、その副作用はその政策が続く限り累積していく。結論として、この対策は早急に改められるべきであり、その着手は早ければ早い程良いと考えられる。

恐らく、この政策がわが国にもたらした最大の副作用は、その財政政策に関するものであろう。それはわが国の財政規律を著しく弛緩させた。具体的には、中央銀行が大量の国債を購入することによって、政府は市場が消化しうる以上の国債を発行しうることとなり、これは予算の膨張を招いた。また、異常な低金利は、政府の支払うべき国債の金利を極めて低いものとし、これも同様の効果を持った。これらの金融政策は「経済再生なくして財政健全化なし」とのスローガンの下できめの粗い財政政策に結びついていったと考えている。

（2022年12月6日）

## 「機動的財政政策」の評価

「アベノミクス」の三本の矢は「大胆な金融政策」、「機動的な財政政策」、「民間設備投資を喚起する成長戦略」であるが、それらの考えが具体的な政策として表明されたのは、2013年1月の政府・日銀の共同声明においてである。

この二本目の矢である「機動的財政政策」は、その金融政策に関する一本目の矢とは異なり、その指し示すところが必ずしも明確なところがなかった。ある者はその共同声明の中にある「機動的なマクロ経済政策運営」が示唆する当面の財政支出の大幅拡大を意味するものととらえ、ある者は「持続可能な財政構造の確立」に重点を置いて読んだ。そのこともあって、その後の財政政策は、それぞれの時点での政治や世論の動きに大きく左右され、十分な議論や検証が行われないまま、財政支出の量的拡大、その質的低下につながり、今日の財務体質をもたらしたと考えている。そして、それを経済的に可能にしたのは、前回述べた超緩和的金融政策であり、制度的に可能にしたのは「政治主導」の名の下における「官」の軽視であったといえよう。

## ■財政の量と質に問題

わが国の財政の健全性について論じられる場合、公的債務の対GDP比が増加し続け、今や260％と主要国の中で圧倒的に多くなっていることなど、その量に注目されることが多い。だが、財政政策の質、具体的にはその歳出の内容についてもう少し論じられるべきであろう。

国の歳出が、結局は税という国民の負担によって賄われるものである以上、個々の歳出がそれに値するものであるかどうか、また、それが効率的に使われるような仕組みになっているかどうかが問われるのは当然である。この時期、国会においてもジャーナリズムにおいても、財政政策についてこの種の議論が少なかったように思う。そして、従来では考えられなかったような肌理《きめ》の粗い予算が組まれてきたと考えている。思いつくままに述べれば、例えば次の通りである。

コロナ対策として人の移動が制限されている時期に、経済全体のデフレ・ギャップを埋めるために財政規模を拡大すべしとの論が展開され、その主張を受けて大型の予算が組まれた。人の移動が制限されれば経済活動が停滞し、需要が減少するのは当然であり、これによって拡大したデフレ・ギャップを埋めるための政策を採るというのは、まさにブレーキとアクセルを同時に踏むようなものであった。わが国も他の主要国と同様、その財政支出は個人に対するセーフティー・ネットの提供と、経済や国の存続にとって不可欠なセクターの支援に限るべきであった。

また、地方活性化対策として、各地方自治体に対してその活性化計画の策定が求められたが、そもそもわが国全体の人口が減少している時期に全ての地方公共団体の活性化を実現するのは不可能に近い。この政策は外部コンサルタントのビジネスチャンスを増やしたが、これによって所期の目標が達成されたとは言い難い。これらは、いずれも予算の組み立てに関する問題である。

また、十分な議論や精査が行われずに創設されたらしい制度や仕組みが目立った。例えば、この時代、農業などの特定のセクターや事業承継など、好ましい目的を推進するために多くのファンドが創設された。この政策が展開されて何年もたつが、その多くについて、その実績は予定されたものからはるかに遠く、予算が「余っている」状況にある。予算策定時の詰めの甘さ、要望内容の精査の不足が大きな理由だと考えている。

## ■「経済再生なくして財政健全化なし」とは

振り返ってこの時期、財政政策について深い議論が少なかったように思う。「アベノミクス」の時代、政府は長期にわたり毎年予算などの閣議決定における「経済財政運営の基本的態度」の冒頭に「経済再生なくして財政健全化なし」を掲げてきた。そして、財政の健全化を図るべきではないかという問題が提起されると、まず何よりも経済再生が先である、としてその議論を後回しにしてきた。

そもそも、このスローガンは「経済再生をしないことには財政健全化の達成は難しい」という事実関係を示す限りにおいては正しいが、これを取り組むべき順番を示していると捉えるのは間違いであろう。両者は相互に深く関係するものであり、財政はまさにその経済再生のための大きな手段でもあるはずである。したがって両者は本来、同時に取り組むべきものであったと思う。ところが、現実には順番の問題として財政健全化は後回しだとして、今日のわが国の財政状況がもたらされたと考えている。

## ■「政」と「官」の対立

財政政策に関して言えば、「アベノミクス」の時代は「官」と「政」との意見が対立し、それが表面化した時代でもあった。いずれの国においても採るべき政策について、時として「政」と「官」とは緊張関係に立つことがある。財政政策については特にそうである。それは、前者が時の政治状況や世論を踏まえた判断に重点を置きがちであり、後者がその知見を踏まえた客観的、長期的視点に立つことが多いからであろう。

とはいえ、多くの場合、この両者の緊張関係はその政策議論を通じて、より「適切な」結論をもたらすことが多い。また、そのプロセスの中で両者の意見の違いが表面化することは少ない。ところが、この時期の日本では財政政策をめぐって「政」と「官」との意見が異なることが多かったように思う。ついには財政政策を司《つかさど》る財務省の事務次官が、「このままでは国家財政は破綻する」という主張を雑誌に表明することになった。「官」としてその道のトップがその省庁が現に実施している政策が間違っていると世間に告げたのである。ある意味、無責任な態度であり、また、それは財務省の官僚がいかに力を失ったかの証明でもあった。

恐らく、当人はそういうリスクを冒してでも国民に警鐘を鳴らすべきだと考えたのであろう。伝えられるところによると、彼の何代か前の財務次官も、文字通り自らの命が旦夕に迫っているにもかかわらず、不自由な身体を総理官邸に運び財政健全化の必要性を訴え続けたといわれている(当人は次官退任後、2カ月足らずで死去した)。「アベノミクス」の財政政策についての評価は今後に託されるが、それが「官」の強い反対を押し切って「政」主導で進められたことはしっかりと歴史に留められるべきであると思う。

(2023年1月17日)

## 「民間投資を喚起する成長戦略」の評価

私事で恐縮ながら、私は福岡で毎年、年初にその年の経済見通しについて講演をしている。西日本シティ銀行の頭取として地元に戻った2年目からであり、2023年の1月27日の講演で16回目になった。地元の人々に、正確な情報に基づき、深度の深い分析を示してその経営の参考にしてもらえればとの思いからである。その際、最も重視する資料はIMF（国際通貨基金）が秋に発表し、通常1月に修正を加える「世界経済見通し」（いわゆる「WEO」）と、政府が毎年度の予算編成の際、閣議決定する来年度の「経済見通しと経済財政運営の基本的態度」である。特に後者はかなり注意深く読むことにしている（この両文書はともに私がかつて大蔵省にいた時代に直接関わったものであり、その作成過程とその文書のいわば「クセ」とも言うべきものについても心得ているはずだという思いがある）。

そこで、私は「アベノミクス」の三本の矢の時代を含め、過去16年間のこの政府の経済政策の基本的文書をかなり注意深く読んだことになる。改めて気づいたことは、この「経済見通し」の中で、三本の矢とその相互の関係について、経済学的に明快に述べたものはなかったということである。ただ、その作成過程や時々の当局の説明をベースに、もし合理的に説明するものがあったとしたら、それは次のようなものとしてまとめることができるであろうと思う。

すなわち、①短期的には異常な程度の「超緩和金融政策」を実施して当面の低物価・低成長を何とかしのぐ②財政政策はその健全化の要素を織り込みつつも、金融政策に歩調を合わせて、当面、国債増発に頼った積極的な予算を組む③その間に成長戦略を策定、実施し長期的な発展の基盤を作る④それが一定の進展をみた後、異常な金融政策の修正に着手し、併せて本格的な財政の健全化を進める――というものではなかったろうか。ことはその通りには進まなかった。

## ■「アベノミクス」の中核

考えてみると、この「三本の矢」のうち、「大胆な金融政策」と「機動的な財政政策」は、その名称が示す如く「金融政策」と「財政政策」という政策目的を達成するための「手段」である。それに対して第三の矢である「民間設備投資を喚起するための成長戦略」は政策の「目的」である。だとすれば、この「第三の矢」はまさに「アベノミクス」の経済政策の核心であり、「第三の矢」を評価することはこの時代の経済政策が目指したものを評価することにほぼ等しいと考えてよいように思う。そしてその目指したものは何だったのかという観点から、この「アベノミクス」の時代の各年の「経済財政運営の基本的態度」を読み返してみると次のようなことがわかる。

一、この期間を通じて「名目GDP600兆円の早期達成」と「財政の健全化」が大きな柱として掲げられている（ただし、後者については時代が進むにつれ軽視され、現実の政策としては無視されていく）。

二、この間、わが国にとって長期的課題である「デフレの脱却・経済再生」が正面から採り上げられたことはなかったと言ってよく、また、経済成長の中核的手段であるはずの「構造改革」への言及も多くはない。

三、ある年に突然「新三本の矢」や、「少子高齢化という最大の壁」が示され、地方創生、国土強靭化、女性の活躍などが途中から繰り返し強調されている。

四、物価については「日本銀行には、…2％の物価安定目標を実現することを期待する」としている。

## ■「名目GDP600兆円」が目的？

感じることは多いが、一つは多くの国民が経済分野において期待していたものが、ここに言う「名目GDP600兆円の経済」という抽象的なものであったのであろうかということである。むしろ、個人のレベルではその所得の上昇であり、わが国全体としては低物価・低成長に特徴づけられるいわゆる「スタグフレーション」からの脱却ではなかったろうか。このうち「スタグフレーション」の解明およびその是正策については、専門家の間でもその意見の収束はみておらず、それに対して国全体としてどう対応すべきかは難しかったであろう。だが、個人の所得の上昇については経済学的にはそう難しくはなかった。結論的に言えば、要は、それをやるための強い政治的意思の欠如と効果的な具体策を作り出すための国全体としての知見の絞り出し方が不十分だっただけではなかっただろうか。

この課題は経済学の観点からはつまるところ、経済成長と所得の分配又は再配分の問題に還元される。前者、すなわち高い経済成長の達成、は労働力および資本の増大、全要素生産性の向上策如何《いかん》、ということになる。一方、所得の分配・再分配は個々の企業レベルの問題としては労働分配率のあり方に、国レベルの問題としては社会保障制度や所得税制のあり方になるからである。

次に感じることは「経済財政運営の基本的態度」と銘打ってはいるが、およそ全体的にわが国の経済政策の大まかな枠組みを示しているのかということである。例えば、2％の物価上昇の達成ということであれば、それをもたらす要因は、金利やマネー・サプライといった中央銀行の守備範囲内にあるものだけに限られないはずである。財政の規模や予算の内容にも関わるし、産業政策にも関わる問題である。その達成を、ただ中央銀行に「期待する」だけでは不十分であろう。

## ■英訳に耐え得るか…論理的でない

第三に多くの事項が列挙されているが、その相互の関係が明確でないことが少なくないということである。結果として、それぞれの事項を具体的な施策に落としていった場合に、それらが相互に矛盾することが考えられるし、ある目的を達成するために示されている「手段」が最終目的であるかの如く「独り歩き」する可能性も秘めている。いずれにしろ、その伝えたいメッセージはわかるが、「経済政策」を説明するものとしてはわかりづらい。

私は、どの分野であれ、英語に翻訳した時にそれが理解しやすいかどうかが、その文書の合理性、論理性を判断する一つの基準だと考えている。その伝で言えば、これらの文書は英語に翻訳することが極めて難しく、仮に翻訳されても経済学的に意味のあるものとして理解しにくいと考えている。

では、どうすればよかったのか。今後、具体的にどういう思考方法で、いかなる点について決断をすべきなのか、そのための仕組みはどうか、について次に採り上げる。

（2023年2月21日）

## 大平正芳総理の政策

大昔の話である。1976年9月、ソ連のミグ25戦闘機が北海道の函館空港に強行着陸した。乗っていたソ連空軍のパイロットが亡命を試みたのである。米ソ冷戦下であり、国際的な大事件であった。そのしばらく後、当時の大平正芳大蔵大臣と、ある東南アジアの国の閣僚が面会し、私は大平蔵相の通訳を務めた。先方はこの件を採り上げ、極めて真剣な顔つきで、ああいうことが起こって日本の東南アジア政策は変わるのか、と聞いた。

大平蔵相は「状況が変われば政策は変わる」と答えられた。どう英訳すべきか? 直訳してもわからないだろうし、こういう事件があったことが状況の変化だということにならないか、そう理解されても良いのか。すると同席していた財務官から「変わらないと訳せ! 直前にお会いになった福田赳夫経済企画庁長官(兼副総理)もそう答えられたんだから」と大きな声をかけられた。私はそれに従い「変わらない。(心配するな)」と英訳した。先方は本当に安心した顔をした。私は何か功徳を施したような気持ちになったが、後で本当にあれで良かったのだろうかと心配になった。翌日、大臣室に向かい、これもその面会に同席していた大平蔵相の女婿

ベニス・サミット（イタリア）に向かう特別機の機内にて。テーブルの上には、直前に亡くなった大平正芳首相の遺影。前列右は竹下登大蔵大臣、左端は筆者（1980年6月）

でもある森田一秘書官に尋ねたところ「ウン、あれでいいんだ」と言われてホッとした。

## ■「田園都市構想」の背後に研究会

それから約2年後の1978年12月、大平氏は福田氏との間の壮絶な「大福戦争」を制して総理大臣となられた。その折々の発言は、引き続き「アー、ウー」と揶揄《やゆ》される程、はっきりしないことが多かった。だが、自ら推敲《すいこう》を重ねた文章、推進した政策、それを支えた哲学は驚く程明確でわかりやすく、かつ、高度であった。それらを生み出すために自ら考えだした仕組みも巧妙であった。

私はこの時代の政策立案のプロセスおよびその具体的政策は、現在のわが国の政策立案に大きなヒントとなると考えている。

以下、当時大蔵省から出向して内閣審議官兼内閣総理大臣補佐官となって、「田園都市構想」など大平政権の政策策定の舞台廻しをした長富祐一郎氏が、とりまとめた文書をベースに紹介する。この文書は同氏が内閣を去った直後、大蔵省広報誌「ファイナンス」に29回にわたり長期連載したものである（ちなみに同氏は、福岡市の大名小学校を卒業後、わが国のリーダーを育成することを目的としたユニークな教育を施していた福岡学芸大学〈現福岡教育大学〉附属福岡中学に学んでいる）。

大平正芳氏は総理就任直後、「政策研究会」を立ち上げ、その下に9つの研究グループを設置した。「文化の時代」「田園都市構想」「家庭基盤充実」「環太平洋連帯」「総合安全保障」「対外経済政策」「文化の時代の経済運営」「科学技術の史的展開」「多元化社会の生活関心」である。その研究グループのメンバーは、学者・文化人・私企業人を含めた若手からなる「学者」と、政府各官庁と日本銀行の中堅幹部からなる政策当局者であり、それぞれの議長は彼らより多少年長の人が選ばれた。各研究グループはおおむね20人前後からなり、その構成員は大体「学者」グループおよび政策当局グループほぼ同数であった。

各研究グループは、頻繁にかつ濃密に会合を重ね（スモール・グループのそれを含めると月に18回程度とされている）、1年半後にその報告書を完成させた。厳密に言えば、大平氏が1980年6月に急逝されたため、残された作業を急ぎ、無理矢理に完成させたのである。

## ■21世紀の課題を先取り

この報告書は、21世紀に人類や日本人が、「名誉と活力ある生存」を確保するためにどのような選択をすべきかを目指したものとされている。そこでは「わが国は、欧米諸国を手本とする近代化に努めた結果」「顕著な成果を」得たが、他方、「これをもたらした都市化や近代合理主義に基づく物質文明自体が限界にきた」との認識に立ち、前記の幅広い項目について分析している。そこには現在、世界が直面し、急速に対応を迫られている多くの課題が体系的、かつ的確に列挙されている。この文章が40年以上前に書かれたことは驚くべきことである。

例えば、「物質の豊かさの追求、科学技術の巨大化、人口の急激な増加は、炭酸ガス濃度の増大、海洋の汚染、資源エネルギーの急速な消耗、将来における食料の絶対的な不足、へ の懸念などを招き、それは人類の生存、種の保存さえもおびやかす脅威にもつながっている」としている。これらは気候変動、環境問題、食料不足、エネルギー問題への言及である。全体として極めて高度でかつわかりやすく、現在においても世界に広く読まれてしかるべきものである。

ここでは、その先見性を指摘するに留め、その具体的内容には立ち入らない。重要なのは、なぜそのような高度な政策提言が可能であったかである。そこには次回に採り上げるように、今日の日本への大きな教訓がある。

（2023年4月4日）

## 経済政策全般について見直しを

40年以上前に、現在世界が直面している気候変動、環境問題、食料不足、エネルギー問題等の政策課題を予見し、その対応策を示した大平正芳総理の「政策研究会」は、今後のわが国の政策立案のあり方について、多くのヒントを与えている。

### ■国の総知を集めた大平正芳総理

その第1は、国の政策決定について、国の総知の結集に努めたことである。国政のトップとして、自らの問題意識は示しつつも、その内容、場合によってはその結論すらも、その道の専門家に委ねたのである。そのために各分野の超一流の人物を集めている。

研究会の議長、起草者、各研究グループの長ら主要なメンバーには、大来佐武郎、高坂正堯、佐藤誠三郎、山本七平、梅棹忠夫、館龍一郎、内田忠夫、猪木正道、山崎正和、石井威望ら錚々《そうそう》たる人物の名前が並んでいる。

第2に、その議論の行方、すなわち結論を研究メンバーに委ねたことである。大蔵省広報誌

「ファイナンス」掲載文書によれば、自民党総裁でもあった大平総理は、「（結論について）反自民、反権力であって結構です……21世紀へ向けての提言をいただこうというのに、今現在の自民党や各省の立場などにこだわっていただく必要は全くありません。自民党だって絶えず時代に応じて進歩していきます。これからどうやっていけばいいのか……どうぞ自由闊達《かったつ》にご議論いただいて、先生方がこうだと思われる方向をお示し下さい」と言っておられたとしている。

第3は、いわゆる「官僚」に対する立ち位置である。研究会のメンバーの半分が、各省の公務員と日本銀行の職員であったことにみられるように、そこでは「官僚」は政治家と相対する関係にあるものとはとらえられていない。「学者」と同様に知恵の源泉ととらえられている。

これらは、いわゆる「アベノミクス」の時代に顕著となってきた近年の傾向とは、相当異なっている。そこには、どういう政策を採るかは、その具体的な内容も含めて政治家が決める、選挙に勝った者がその公約を実行するのは当然であり、それこそが「政治主導」である、という考え方がある。

そうであれば、それぞれの専門家が自らの知見を積極的に提供しようとか、政策について皆で広く議論をしようとかする雰囲気は醸成されない。そのもたらす結果は明らかであろう。仮にそれが、いかにして政権を維持し、その支持率を高めるかを最優先として決められるとしたら、なおさらであろう。大平総理の「政策研究会」は、こういう傾向に対するアンチテーゼを示していると言えよう。

## ■マイナス面が多かった「政治主導」

アベノミクス時代に強化された「政治主導」には、それなりのプラス面もあるが、そのマイナス面が多く出たのが経済政策であったと考えている。金融政策については、「黒田バズーカ砲」と言われる大量のマネー・サプライの供給も、「マイナス金利」に象徴される超低金利政策も、わが国経済にそれなりの好結果をもたらしたが、それは景気の下支えと円高是正であって、その目的とした「2%の物価上昇」は今日なお達成されていない。

他方、この異常な政策の副作用は時とともに累積していく。それが長期に続くことに対してさまざまな意見が出されたが、当局はこれらの意見に正面から答えることはなかった。その正当性の説明を時とともに変えつつ、同様の政策を継続して今日に至っている。財政政策についても同様である。財政政策が景気対策として有効であるのは当然であるが、この間の財政は、経済学的な議論や分析を十分経ることなく、拡大基調をたどってきた。

政府債務残高が国際的に異常に高いわが国において議論されてきたのは、財政の規模、すなわち量についてであって、質についてではなかった。量の増大は問題ではないとする、世界的に高名ではあるが、極めて少数者の説を紹介することで是非についての議論を避けてそれを続けてきた。上述の超緩和的な金融政策がこれを可能にしたのは、「『大胆な金融政策』の評価」の項で述べた通りである。経済政策全体についても同様の恨みがある。経済成長率を格段に高めるためには、財政の拡大、緩和的金融政策といった需要拡大策だけでは不十分であり、潜在成長率を引き上げることが必要である。なぜなら、いかに需要を高めようと、その国の潜在成長率以上の経済成長を続けることはできないからである。潜在成長率を高めるためには、生産性の低い分野を縮小する等の痛みを伴う構造改革が必要である。ところが、こういう議論はほとんど行われていない。経済政策については、「アベノミクス」を超えて、その全般的な見直しが急務であるように思う。

（2023年5月8日）

# 未来への布石 対談

勝　栄二郎氏

株式会社インターネットイニシアティブ　代表取締役社長

【かつ・えいじろう】株式会社インターネットイニシアティブ代表取締役社長Ｃｏ－ＣＥＯ＆ＣＯＯ　１９５０年、埼玉県出身。東京大学法学部卒業。１９７５年大蔵省（現財務省）入省。１９９５年６月国際金融局為替資金課長、１９９７年７月主計局主計官、２００８年７月大臣官房長、２００９年７月主計局長、２０１０年７月財務事務次官、２０１２年８月財務省退官。２０１３年６月株式会社インターネットイニシアティブ（ＩＩＪ）代表取締役社長兼ＣＯＯ、２０２１年４月から現職

# 変動する世界

## 「しぶとい日本人」を取り戻せ

世界が大きく変動している。ロシア・ウクライナ戦争は長期化し、中東情勢は緊迫度を増す。中国は経済不振に陥りながらも軍拡路線を維持する。米国は11月の大統領選挙を控えて国内の分断が激しくなっている。このような世界で日本はどう生きるべきか——。官と政との関係が大きく変わった時代に財務次官を2年務めた勝栄二郎氏と、政と官の関係や若者へ伝えるべき事柄について語り合った。

### ■エキスパートとしての官僚

**勝栄二郎**　日本の近代官僚制度は明治時代にできました。当時の藩閥政府すなわち薩摩、長州出身者らによる支配に対して、地縁、血縁、身分と関係なく試験で通った人を登用するということが始まりです。世襲は認めずメリトクラシー（能力主義）を貫きました。

戦後は、官僚出身の総理が続きました。吉田茂、池田勇人、福田赳夫、宮澤喜一…。役人出身

勝　栄二郎氏

の彼らは、役人の役割と使い方を心得ていました。

**久保田勇夫**　国家をうまく動かすには、専門的な知見、能力を持つエキスパートが必要とされます。歴史的にみても強力な国家には確固たる官僚制度があります。古今東西、官僚制が存在する理由でしょう。勝さんがおっしゃる通り、戦後、多くの日本のリーダーは、国をどう動かすか、そのために官僚が大切であるかを熟知していたようにみえます。私たちのそれぞれの時代には、わが国の官僚制が大きく変えられました。勝さんの時代はどうでしたか。

**勝**　私が官僚であった時代、3つの大きな転換がありました。第一は、橋本（龍太郎）総理の行財政改革です。改革の一つの目玉は「財金分離」、すなわち大蔵省から金融庁を独立させること。もう一つが、経済財政諮問会議の設立です。民間も含めた会議で重要政策を決めようというものです。

次の転換点は、1999年の自民、自由党の連立政権です。自由党党首だった小沢一郎氏が、連立に当たっていくつか条件を出した。その一つが、与党を政府、行政府に組み入れることでした。大臣、副大臣、大臣政務官をつくり、官僚による答弁、いわゆる政府委員制度を廃止しました。

3つ目は民主党政権です。政と官の関係において、決定するのは政治だということをさらにはっきりさせようと、各省において大臣、副大臣、政務官だけで物事を決めるように制度を変更しました。

いずれも政と官の関係の中で政治主導、官邸主導を強めようということですが、そもそも大蔵省や外務省の役人は、官邸と直接やり取りをしていました。以前から官邸主導だったのです。

また、こうした制度の転換の背景には国民、マスコミの間に、官僚への批判が強くなったことがあります。

**久保田**　確かに世論とジャーナリズムの影響が大きかったと思います。そもそも議院内閣制のもとでは、政権政党と官僚は一体です。その点は大統領制の米国とは異なるのです。

当時の動きの背景には官僚の不祥事への批判があったと思います。それから振り返ってみると、官僚自身が、自らを囲む環境が変化しつつある中で、自ら果たしている役割の重要性を国民に説明すべきであったと思います。とはいっても、それは伝統的な「役人道」には沿ってないことでしたし、世間からはかえって反発を食ったでしょうが。

**勝**　同じような話で、「族議員イコール悪」という風潮もありました。しかし、族議員というのは、特定分野を相当勉強します。専門知識が身につき、エキスパートの官僚と議論できるようになる。政治家として、一つの訓練の場であったと思います。

**久保田**　その通りです。族議員との接触は、官にとっても貴重でした。ペーパー上の論理でやりがちな官僚に対して、地元や関係団体の陳情を受けている国会議員が「現実はうまくいってないぞ」と、現場の生の声を伝えてくれる場でもあったのです。

それから、小選挙区制度の影響もあると思いますが、政治家が勉強しなくなりました。行政官としての経験がない田中角栄総理も竹下（登）総理も、政策についてよく勉強されました。彼らは、そういう勉強を通じて、国がどのようにして動かされているのか、官僚の役割が何かを学んでいったのだと思います。

## ■官と民の違い

**久保田**　さて、私たち2人は、官僚を辞した後、民間企業に入りました。二つの異なる分野を経験し、どういう感じを持ちましたか。

**勝**　皆さんに驚かれるのですが、大蔵省も財務省も極めて自由な組織でしたので、同じようにフラットな組織のIIJに来て違和感はありませんでした。というのも省庁は毎年、人事異動があります。同じポストにいるのは基本的に2年までです。どんなに嫌な上司でも、1~2年で異動する。そうなると、上に対して配慮、忖度する必要はありません。上に諂《へつら》っている人は、周囲から馬鹿にされるような雰囲気もありました。この点は世間が抱く官のイメージとは異なるのかもしれません。

**久保田**　同感です。加えて異論はあるかもしれませんが、私はトップとして民間企業の方がやりやすい面があると思いました。民間企業は、そのゴールが基本的には利益を上げることです。ところが政治や行政は、そのゴールの見極めが難しいのです。「公共の福祉」が目的というけれど、政策を策定するにあたって、これとこれのどちらが公共の福祉により適《かな》うのか、容易に答えが出ない問題も多い。

**勝**　そうですね。どこがゴールかは難しい。通常役人は、常に日本国、国益の追求を考えるものです。

**久保田**　それから役所には、いろんな才能を持った人がいます。学者に向いた人、組織運営がうまい人…。

そういう各種の才能をうまく活用するのは、国益にも合致するはずです。本人の資質をチェックすることなく、「あの人は元役人だからこういうポストに就けてはいけない」といった風潮は困ったものです。

## ■中国とどう対峙するか

**久保田**　ところで、今年米国では大統領選があり、次期大統領をめぐって米国に注目が集まっています。ただ、日本としてはもっとヨーロッパを知らないといけないと考えています。

**勝**　私は4歳から16歳までドイツで暮らしました。ドイツは古いものと新しいものをミックスした国です。私が受けた教育の話をすると、一つは徹底的な暗記です。シラーやゲーテ、ものすごい量を覚えさせる。一方、算数は教えずに、生徒自らが考え、ディスカッションによって公式や定理にたどりつかせる。ドイツの教育制度は戦前戦後で変わっていません。戦後、アメリカの教育制度を取り入れた日本とは、大きく異なると言えます。

加えて、ナチスドイツによるユダヤ人虐殺を繰り返し教えています。そのため、ドイツ人は、経済を除いて国際社会にでしゃばるのをためらっているようです。メルケル前首相も経済以外ではリーダーシップを取りたがらない。出るときは必ずフランスと組んでいました。

**久保田**　日本では特に最近、米国の制度への追随が目立ちます。しかし、世界の中で米国はむしろ異質です。その成り立ちからいっても、「政府は信用しない」という人が集まって作った国です。その米国の影響力が多くの面でますます強くなってきている。

日本人は、自分たちとより同質性の多い欧州を知らないといけない。

**勝**　国際関係では、中国とどう対峙するかも重要です。中国のすさまじい成長は、改革開放路線による成功といえます。

しかし、習近平（国家主席）は改革開放路線に懐疑的というか、経済成長よりも党・国の安全が第一という思想になっています。これからいろんなことが中国で起きるでしょう。これはあるベトナム人から聞いた話ですが、歴史的に中国の王朝が危うくなると、周囲の国も必ず影響を受けてしまう。それだけは勘弁してほしいという話でした。

**久保田**　私は若いころから中国には格別な興味を持って、その歴史や文化を学んできました。感じるのは、中国は日本と相当異質だということです。中国はどこまでいっても中国です。それを前提として、どう付き合うかを考えることだと思います。

**勝**　国際社会が大きく変わる中、日本が経済的な低迷から抜け出せるかの議論が盛んです。低迷の話をすれば、日本のすべてが変わったのは、90年代初頭のバブル崩壊その時ではなく、97年11月に起きた金融危機だと考えています。北海道拓殖銀行や山一証券が破綻し、翌年には日本長期信用銀行と日本債券信用銀行が破綻しました。いわば1年と少しの間に4回もリーマン・ショックのような経験をしたわけです。

プリンストン大学のハロルド・ジェームズ教授は、「金融危機が起きると、社会の価値観が変わる」と主張しています。実際、この金融危機の後、日本のGDPなどの経済指標は一気に悪化しました。自殺者が急増し、年間3万人を超えるようになりました。社会の価値観が変わった。当時、企業は過剰債務、過剰雇用、過剰設備に苦しみました。その中で人件費削減によって雇用を守ろうと、派遣法を改正しました。その結果、非正規労働者の割合が上昇し、雇用報酬が大幅に減りました。雇用報酬が減れば、民需が起こるはずがありません。

非正規の問題は、日本が抱えるもう一つの大きな問題である、少子化にもつながります。

**久保田**　わが国の低迷について、その現象面の分析はその通りだと思います。私は最近、その原因について考えています。その観点からいうと、日本全体が、「創造的な破壊」という言葉に代表されるシュンペーター精神、すなわちリスクを取って何かに挑戦するという精神に欠けているという気がします。

若い人達だけでなく、その親の世代も、「成功に至る決まった道があり、そこを目指して一定の決まったことをやらなければならない」と思っているのではないでしょうか。それは違う。成功に決まった道などないのです。

コロナ禍での政府や自治体による補助金もそうでしたが、多くの政策が現状をどう守るかになっています。優勝劣敗のマーケットメカニズムが働かないような仕組みが増えつつある。

## ■変化を恐れず、低迷脱出を

**勝**　米国の上場企業の顔ぶれは、10年前と現在で大幅に変わっています。これに対して、日本の上場企業の顔ぶれは、10年どころか20年前と比べてもそれほど変わっていません。ビジネスのシーズも優秀な人材も存在するのに、スタートアップが育たない。久保田さんが言う通り、シュンペーター精神、アニマルスピリットが欠如しているせいかもしれません。

**久保田**　ただ、歴史的にみれば日本は、しぶとい国です。世界中が列強の植民地になった中で独立を守り、明治維新後には日露戦争に勝ちました。第一次世界大戦の後に国際連盟の常任理事国となり、第二次世界大戦で連合国軍に徹底的にやられたにもかかわらず、経済大国として復活し、G5やG7のメンバーとなる。何があっても浮上する。他国から見れば、相当に警戒されている国だと思います。

そして今も国際金融などの分野では、先進国の中でも重要なメンバーとなっています。その実態とそのための努力は、もう少し正当に評価されて良いと思います。

**勝**　そういうしぶとさを取り戻すためにも、日本の若者は、もっと海外に行くべきです。自分の目で、耳で、世界を経験してほしい。

**久保田**　その通りです。日本復活のためにも、失敗の可能性を恐れることなく、しぶとく生きてほしい。リスクは成功するためのコストです。
そして十分とは言えないが昔のことを知っているわれわれの世代は、厳しい環境の下でも、しぶとく生きてきた日本人の歴史を、若者に伝える義務があると思っています。

（2024年3月31日）

※コーディネーター　鶴田東洋彦・元産経新聞西部代表（対談4回分とも）

# 第3章 「バブル」崩壊から30年

株価は1989年末に3万8915円というピークに達した。筆者は当時、大蔵省の経済政策担当の調査企画課長として、経済実態の解明とその対応策を模索した

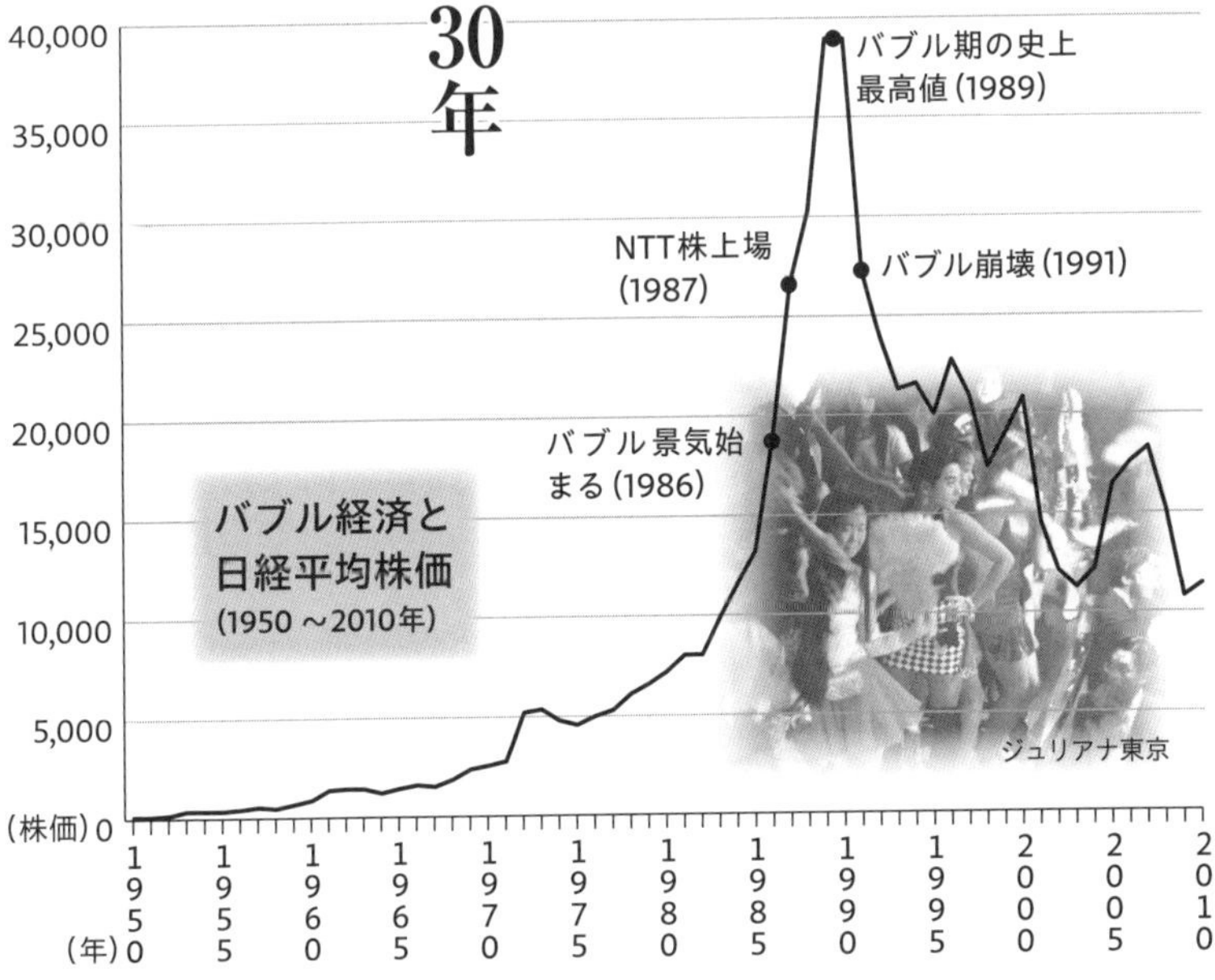

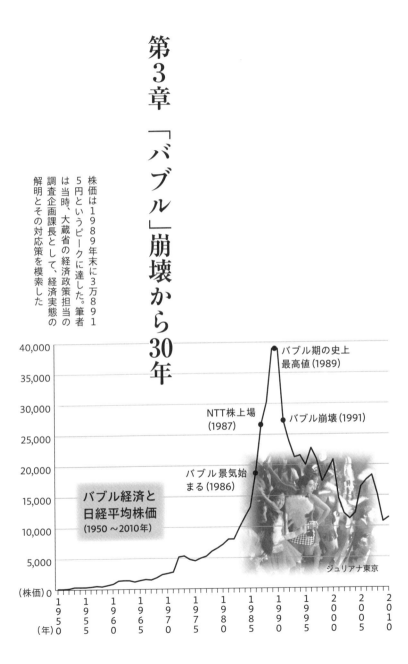

# 激動の1年間――

2020年は、戦後75年という節目であり、バブルのピークから30年目の年である。東京証券取引所の日経平均株価は1989(平成元)年12月29日に、3万8915円という史上最高値をつけている。

そういう節目の年であることを意識して、最近、この間の、今や歴史的事象となった事象について、新しい事実の発掘の努力や、その後のさまざまな進展をも踏まえた再評価、更にはそれを基礎とした将来の指針を探る試みが多くみられる。その一環として、当時の関係者に対して改めて事実の確認を求めたり、意見の表明を求めたりすることが行われている。私自身もたまにではあるが、その関連でインタビューを受けることがある。

こういう、いわゆる「回顧もの」の報道について、長い間、その政策に関わってきた者として感じることがある。それは、そこで紹介されているこれらの事象の歴史上の位置付けや評価が、極めて明快であることであり、一面的に過ぎるということである。

例えば、あの「バブル」についてである。これについては、例えば1985年9月のG5(日、米、西独、仏、英の大蔵大臣・中央銀行総裁会議）で合意された「プラザ合意」が原因であるとか、それ以降の先進国間の政策協調の中で、わが国が米国の圧力に屈して公定歩合の引き下げを行うなど緩和的金融政策を採ったからだとか、いろいろなことが言われている。

数年前のことであるが、その当時日本銀行で国内政策担当の理事であった人物が、「あの時代（プラザ合意以降）の公定歩合の引き下げは間違いであった。それがバブルの原因である。関係者の一人として深く反省している」という趣旨の発言をし、それを公共のテレビ局がその特集の結論として流したことを見て驚愕《きょうがく》した覚えがある。

ことは、そう単純ではない。金融政策についてみれば、それは国内の金融や経済の情勢のみならず、国際的な金融情勢や米英の金融政策、国際経済の情勢をみて決定しなければならないし、貿易黒字が突出している時代には二国間や多国間の経済摩擦も視野に入れなければならない。国内・国外の政治情勢からも全く無関係というわけにはいかない。また、バブルといった好ましからざる事態も、その端緒となった特定の事件や政策よりも、その後の政策が適切でなかったことに由来することもある。

私自身、わが国が世界経済で大きな地位を占めるようになり、それに伴う各種の新しい問題に直面した時期、具体的には１９８０年代の初めから90年代の中ごろまで、大蔵省においておおむね連続的に、国際面を中心に経済政策にかかわった。そこで、当時の記録や記憶、更には当時の原資料の再読などをもとに、その一部についての回顧録ともいうべきものを、記述することとしたい。

## ■大蔵省調査企画課長に就任

89年6月23日、私は時の村山達雄大蔵大臣の名の辞令により、大蔵省国際金融局為替資金課長から、大臣官房調査企画課長に「配置換え」になった。調査企画課長としての任務は1年間であったが、激動の1年間であった。

そもそも調査企画課の守備範囲は広い。財政・金融政策、国内・国際経済情勢の分析、財政演説（通常国会当初の大蔵大臣の施政方針演説）の作成、週1回開かれる幹部会での国内・国際経済情勢の報告などが定番の業務であった。ところが、この年は先に述べたように株価が史上最高値をつけた象徴的な年であり、それに関連して多くの議論が活発に行われた年であった。それに「日米構造協議」もあった。

財政・金融政策のトップについても交代があり、8月に発足した第1次海部内閣で大蔵大臣には新たに橋本龍太郎氏が就任された。12月には日本銀行の総裁の交代があり、大蔵省の次官や日本輸出入銀行の総裁を経て就任されていた澄田智総裁が退任され、後任に日銀一筋の三重野康副総裁が昇格された。トップが変われば政策決定のスタイルも変わる。既にその引き上げの過程に入っていた公定歩合は私の在任中3回引き上げられ、その中で世間の耳目を騒がせた「公定歩合白紙撤回」事件も起きた。

先に述べたようにこの1年間には、米国が日本の構造を変えることを迫った「日米構造協議」もあった。調査企画課はこの交渉のとりまとめと交渉の責任部局となり、私も交渉に参画した。

## ■二つの異常な計数

語るべきことは多いが、まずは調査企画課の本来業務のうち、経済分析に関わるところから始めたい。われわれは内外の経済情勢を調査する中で、二つの異常な計数の動きに気付き、その意味するところを模索した。

その一つはこの時期、「イールド・カーブ」が逆転したことである。周知の通り通常は長期の金利が短期の金利より高い(通常の形状のイールド・カーブ)のであるが、この時期この両者が逆転しており、これは経済・金融について何らかの異常があることを示すのではないかという観点である。

これについては、いろいろ議論した結果、時々生じる現象であり、特に問題はなかろうという結論に達した(なお蛇足ながら、ここ1、2年の米国の金融政策に関する議論の中で、

1929年の大恐慌以降イールド・カーブが逆転したほとんどの場合、その後に景気の後退が始まっているとされ、FRBの短期金融政策のあり方について、そういう視点からの議論も行われている)。

もう一つはこの時期、わが国の設備投資が3年連続で二桁の伸びを記録していたことである。そこでわが国の企業の投資状況を分析したが、これも格別の問題はなかろうと結論づけた。当時のわれわれの懸念は、積極的な設備投資の結果、生産過剰が生じるのではないかというものであった。

分析の結果は、企業の投資の大部分は、環境対策や厚生施設の充実のためであって、生産能力拡大のためではなく(確か生産能力拡大のための設備投資は30%に満たなかった)、その心配はなかろうというものであった。この結論は正しかったと思う。ただ、われわれがもう一歩追求を進めていれば、バブルについてより深い認識に達していたかもしれない。

設備投資の増大が何をもたらすだろうかというその結果に加えて、なぜそういう投資拡大が続いているかというその原因を探れば、超緩和の金融市場を背景として銀行及びそれ以外の金融機関の異様な融資活動の実態と、その背景にたどりつけたかもしれない。実情を言えば、われわれは、ただでさえ広い所掌事務に加えて、出口の見えない日米構造協議に追い回されていて、そういう悠長な、やや学問的と思われるテーマを更に追い求める余裕はなかったのである。

（2020年9月21日）

## 金融政策のスタンス（日銀と大蔵省）——

中央銀行が行う金融政策の手段は、伝統的に、公定歩合の操作、オープン・マーケット・オペレーション、及び預金準備率であると説かれる。

公定歩合は、「最後の貸し手」である中央銀行が一定の要件の下に、その取引相手である銀行に資金を貸し付ける際に適用する金利のことであり、その率を上下させることにより、その国経済全体の金利水準に影響を与える。公定歩合の変更はそういう実務上の影響力の他に、金融当局の政策スタンスを示すものとして心理的な面も含めて各分野に幅広く影響力を及ぼす。

オープン・マーケット・オペレーションは、中央銀行が金融市場との間で、適宜、債券を購入したり、売却したりすることであり、これにより市場における金融の量的な調節を行う。

預金準備率とは、市中の銀行が顧客から預金を受け入れた際、その一定の割合の金額を中央銀行に預けることが義務づけられているが、この割合（率）のことであり、中央銀行はこの率を上下させることにより経済全体のマネー・サプライの量に影響を与える。これがそれぞれの機能である。

現在、世界の主要中央銀行の金融政策は、短期の金融市場金利を低利にコントロールすること（わが国では長期の金利も低利にコントロールするという「イールド・カーブ・コントロール」政策を採っている）、市場の流動性を潤沢《じゅんたく》なものにすること、それに加え、一時的な政策として「コロナ」のもたらす経済的・社会的危機対策のために特別な仕組みを設けること――からなっている。いずれにしろ、金融政策として、金利及び資金の量を調節するという基本的な考え方は変わっていない。

## ■重要な公定歩合

私が国際面を中心に経済政策にかかわった1980年代の初めから90年代の中ごろまでの時代、金融政策の主たる手段は、圧倒的に公定歩合の操作であった。中央銀行の使命は、物価の安定、それも放置すればそうなりかねない物価の上昇をいかに抑えるか、また、将来のその芽をいかに摘んでおくかということとされていた。現在のように物価の上昇をいかにしてもたらすかということではなかったのである。

物価抑制への意識は中央銀行には極めて強く、当時日本銀行には公定歩合の引き上げは本来的に良いことだとする雰囲気が強かった。総裁在任中の公定歩合の引き上げと引き下げの回数に着目して、「あの総裁は3勝2敗だった（在任中に公定歩合を3回引き上げ、2回引き下げたという意味である）」などとする向きすらあった。

わが国の公定歩合は、1987年2月に3％から2・5％に引き下げられて以来据え置かれていたが、1989年5月に3・25％に引き上げられ、以後、引き上げのプロセスに入った。私が大蔵省の調査企画課長となったのは、その約1カ月後である。結局、私は同年10月、12月、及び90年3月と、3回の、いずれも引き上げの、公定歩合の変更に関わることになる。

## ■少なかった意見の相違

私は、この調査企画課長就任以前に、「プラザ合意」以降の主要政策協調の時代の一連の公定歩合引き下げの時代をも含め、既に4、5年程度、公定歩合の変更に関係していた。そういう経験から言えば、この期間も含め、公定歩合の変更に関して日銀と大蔵省との間にそれほど大きな意見の違いはなかったように思う。巷間《こうかん》、特にプラザ合意以降のいわゆる政策協調華やかなりし頃、大蔵省が無理やり金利を引き下げさせたといわれることがあるが、そうではない。

確かに、公定歩合をどうするかについて関係者間に意見の違いがあったことはあるが、私の印象ではそれは「大蔵省VS日銀」という組織による違いというよりは、国際金融や国際情勢をどの程度視野に入れていたか、国際舞台にどの程度さらされていたかの違いによるところが大きかったように思う。端的に言えば、日本銀行のいわゆる国内派とそれ以外の者の意見の差という色彩が強かったという印象である。

後に次第に明らかになっていくが、この時期、すなわち1980年代後半以降、資本移動の自由化と、国境を越えた資金の流れの巨大化などを背景として、各国、特に経済の小さい国は、金融政策の独自性を維持しづらくなっていった。私見であるが、今日、日・米・欧のいずれも等しく超低金利政策及び超拡張的金融政策を採用していることは、その証拠でもあると思うが、この点は別の機会に譲る。

とはいえ、政府・大蔵省と日銀の間に、その政策について伝統的に多少のニュアンスの差があったことは事実である。

大雑把《おおざっぱ》に言えば、日銀は、物価の安定を図るという観点を重視し、金融政策については固めの方針となりがちであった。他方、大蔵省にとっては、予算編成上の観点や、景気に対する配慮の観点から、景気の拡大にせよ、縮小にせよ、日銀が多くの役割を担ってくれることは有り難いことであった。そこで、例えば、景気が悪くなったときには公定歩合の引き下げを早めに、その幅を大きくできないか、という緩めの金融政策を求める傾向があった。

現実問題としては、私が調査企画課長の時代には、採るべき金融政策に関して両者間に意見の相違はほとんどなかった。それは、先に述べたようにもともと両者の間には大きな意見の差はなかったし、われわれも日頃から経済情勢や金融政策、更にはそれに関する多くの事項についてお互いに情報を交換し、議論をしていた。政治の側からも、例えば円高になると困るからそうならないように金利を引き下げてほしいとか、株価が大きく低迷しているので何とか「工夫」できないかという話が持ち込まれることもなかった。金融政策を含めマクロ経済政策が専らわが国の経済をいかによくするかという点から判断すればよい時代であった。

そういう中、政治の側で大きな動きがあった。1989(平成元)年7月23日の参議院議員選挙で自民党が惨敗し、参議院で与野党が逆転したのである。それを受けて宇野宗佑内閣が総辞職し、新たに海部俊樹内閣が発足し、大蔵大臣も村山達雄氏から橋本龍太郎氏に変わった。こういうことがあれば、これまでと異なるスタイルの政策形成が行われるようになる。大蔵省で経済政策を統括する担当である調査企画課も新しい体制を視野に入れた対応が必要となった。

(2020年11月2日)

## 新しい大蔵大臣──

私が最初に出した本は1983年に出版した『新しい国際金融』である。動機は比較的単純であった。1979年に課長補佐として大蔵省の国際金融局に戻ってきたが、国際金融政策について私の意見に反対する局内の「実力者（と言っても私より2、3年先輩であるが）」たちが、私に対して、「どこにそんなことが書いてあるのか」と反論するのである。国際金融について世界の最先端の状況や理論が、日本語で出版されているはずがない。本に書かれていることにそんなに権威があるということなら、自分で書いてやろうじゃないかという気持ちであった。

役所の幹部やOBの中には、「君、本を出したりしていると偉くならないぞ。よした方がよい」と忠告してくれる人もいたが、私はその後も自分の関与した仕事に関して本を出したり、雑文を書いたりしている。

そうすることによって、より良い政策に少しでも繋《つな》げることができたらと考えたからである。その後、そのテーマについて興味を持っている人に話しかけるだけでは、なかなか好ましい政策に結びつかないということがわかった。広く世間の人に問いかけ、政策の内容についてのみならず、それらがどういう過程でどういう人たちが関わって作られているかを知ってもらうことも大切だと考えるに至ったのである。幸い、いまは産経新聞の「一筆両断」のコラムを書く機会を与えられているので、ここでも政策の内容についてだけではなく、それがどう作られているかを適宜紹介することにしている。

## ■橋本龍太郎大蔵大臣

1989年8月10日、海部俊樹内閣が誕生し、新しい大蔵大臣に橋本龍太郎氏が就任した。大臣の交代には格別の慌しさが伴う。組閣の手続きが始まると、大臣予定者が総理官邸に次々と呼び込まれる。その少し前に各省の次官又は官房長は、大臣官房の要の課長を連れて官邸に向かう。総理から内示を受けた大臣予定者は、その直後に順次、短い記者会見に臨むが、その際の発言内容について打ち合わせをする為である。

新大臣は、このいわばお披露目の会見で、内示の際に総理から受けた指示を踏まえ、大臣としての抱負を述べるのであるが、その発言の準備をするのである。併せて「べからず集」というのを準備することもあった。これは、「言うべからず」の省略で、大臣に言ってもらっては困るという事項を列挙したメモである。例えば、私が次官や官房長を務めた国土庁の場合、同庁は首都機能移転先の候補地の絞り込みを進めていたが、その新大臣に「首都機能の移転には反対だ」など政府の推進している施策を否定されては困るのである。そこで、「べからず集」に「首都機能の移転に消極的な発言はしないでください」という1項目を入れた。

また、記者から聞かれるかもしれない所掌の事項以外の質問についても耳打ちしておく。例えば、「8月15日に靖国神社に参拝するつもりかと質問されるかもしれないので、その答えも考えておいてください」といった具合である。こういうことを会見までの短時間に新大臣に伝えなければならない。

例えは良くないが、ちょうどボクシングの試合でラウンドの合間の短い休憩時間に、ボクサーがセコンドと呼ばれるコーチ陣と次のラウンドの戦い方を打ち合わせているような雰囲気である。殺風景な大きな会議室で、長い事務机で幾つかのグループがそれぞれの新大臣を囲んでせわしげに打ち合わせを行っている光景は、一種独特である。

## ■新大臣への対応

役所は新しい大臣を迎えると、その大臣の個性に応じた対応をとることになる。橋本新大臣は、幾つかの点で前任者たちと違っていた。ちなみに、直前は、村山達雄氏、その前は順に竹下登、宮澤喜一、渡辺美智雄、金子一平の各氏である。

何よりも、新大臣は若かった。それまでの大臣は次官より年上であったが、新大臣は次官より若く、中堅の局長とほぼ同じ年齢であった。前任者は、財政金融政策など大蔵省の所掌事項に詳しい人が多かったが、新大臣はむしろ厚生・労働行政が得意であった。自分の関与した行政については実に細かい所まで勉強されており、「(その道を最も熟知している)課長補佐より詳しい」と評される程であり、また本人もそういうコメントを歓迎する風があった。前任者の何人かは既に与党やその派閥の中で一定の地位を確保しておられた。政治家としては枯淡の境地に達し、とにかくよりよい政策を追求したいという人もあった。新大臣はこれらいずれでもなかった。加えて、父上は個性が強いと伝えられた大蔵官僚で、その後国会議員となり、厚生大臣や文部大臣を務められた。大蔵省に対しては、それなりの親しみと感情とがあるはずであった。

この橋本大蔵大臣の下での最初の公定歩合の引き上げの実施は、大臣就任後2カ月の10月11日のことである。公定歩合引き上げの話が出始めたのは当然その前であり、大臣就任後の早い時期である。大蔵省の事務方としては、この新大臣にどう対応すべきか手探りをしている状態であり、大臣としても部下である職員との間合いのとり方を模索しておられた時期のはずである。

大蔵省としての金融政策を取りまとめ、公定歩合の変更について日本銀行と調整することは、日本銀行の監督権限を持つ銀行局の仕事ではなく、大蔵省の財政金融政策を担当する調査企画課の仕事である。これを大臣に説明するのも同課の仕事であった。役所の文書は、大臣への説明の文書を含め係長又は課長補佐がその原案を書くのが普通である。それをベースに関係者で議論をして作成する。とはいえ、この時期、こういう新大臣に、公定歩合というかなり専門的でもあり、かつ社会的にインパクトの大きい事項を、どのように説明するかは難しいところであった。

そこで、大臣説明用のペーパーの原案は、部下任せにせず、課長であり、上司とともに日本銀行と本件について直接交渉をしている私が自分で書くことにした。

（2020年11月16日）

## 公定歩合引き上げの「白紙撤回」

1989年秋、われわれは橋本龍太郎大蔵大臣の下での1回目の公定歩合の引き上げ（これは当時「第二次引き上げ」と言われていた）の準備を開始した。公定歩合の変更を含め金融政策は日本銀行の所管事項であるが、これは財政政策と並ぶ国の主要なマクロ経済政策である。国全体の経済政策の一環である公定歩合の操作が、その時点の政府としての経済情勢の判断と独立して行われることはあり得ない。大蔵省は、日銀の監督官庁でもある。変更するかどうか、変更の幅はどうするか、その時期はいつか、について日銀との調整が始まった。

この調整は、日銀の担当理事と大蔵省の総務審議官の間で行われ、先方は総務局長、当方は調査企画課長である私が陪席した。先方は後に総裁となられた担当の理事が専ら発言され、当方は金融情勢の分析や判断の技術的な部分は主として私が発言した。この過程で、両者の間に格別の意見の相違はなかった。

われわれが気を使ったのは、新大臣への対応であった。新しい大臣は政治家として幅広いキャリアの持ち主であったが、どちらかというと厚生・労働行政に詳しく経済政策に格別詳しいわけではなかった。それに比較的個性の強い方であった。そういう大臣に対して、これをどう説明するかは工夫の要るところである。

限られた紙幅に、経済の現状と今後の判断、公定歩合を引き上げる理由、マクロ経済政策における金融政策の役割、その中で、公定歩合の位置付けといった本質に関わる事項、その実施の時期などを簡潔に書き込まなければならない。併せて、これは日銀の権限であること、及び金融市場に与える影響も大きいので事前に漏れてはならないものであることに触れるのも必須であった。

この私が書いた原案について、その理由は不明であるが、上司からは直ちにこれで行こうという「ゴー・サイン」は出なかった。そこで、それぞれの論点についてやや詳細に解説することにした。私は、われわれが全罫紙と呼んでいたA4判の紙に、いわゆる「2行1行」方式(文章を2行書き、次に修正の為の余白のための1行を空けるという方式である)で二十数ページのペーパーを準備して上司に説明し、それなら良かろうということになった。

大臣室でどういう議論をしたかについての記憶はない。ただ、これは日銀の事項であることと、公定歩合を変更するかどうかについては、日本銀行総裁といえども事前に正確に答える必要はないと一般的に理解されていることは、しっかりと説明した。

## ■日銀総裁の交代

1989年10月11日、公定歩合は何事もなく3・25%から3・75%へ引き上げられた。

経済情勢は引き続き堅調に推移し、諸般の情勢から早々に公定歩合をさらに引き上げるべきであるということになった。この第三次引き上げについて、大蔵省と日銀との間で先の4人による調整に入ったが、今回も、引き上げるべきであること及びその引き上げ幅について格別の意見の相違はなかった。ただ、そのタイミングについては多少微妙なものがあった。

この時期、日銀総裁の交代が予定されており、澄田智総裁が退任され、新総裁に日銀一筋の三重野康副総裁が昇格されることとなった。早期の引き上げが適切ではないかという意見もあったが、結局、新総裁の就任（それは12月16日とされていた）直後の日程で合意した。日銀案が遅めとするものであったことから、これを日銀出身総裁の初手柄（当時は公定歩合の引き上げを総裁の「勲章」とする見解があった）にしようとする後輩の動きとの見方もあったが、これは邪推に過ぎるというものであろう。いずれにしても退任予定の澄田総裁がそういうことを気にされる方でないことは明らかであった。

## ■直前のスクープ

だが、事は予定通りには進まなかった。公定歩合引き上げの直前に、ある全国紙がそれをスクープしたのである。その日の朝刊の1面を見た大蔵大臣は激怒され、「大蔵大臣である自分はそのことは承知していない」として、「公定歩合白紙撤回」を宣言されたのである。

結局、この第三次公定歩合の引き上げは1週間程度遅れることとなった。私は大蔵省の担当課長として、これを収束させるためのプロセスを考える必要があり、そのためにそれぞれの場にいた関係者から情報を集めて正確に何が起こったかを知らなければならなかった。そこで判明した全体像は次のようなものであった。

この日、すなわち12月19日(火曜日)に月に1回、閣議後に開かれる総理以下の各閣僚と日銀総裁らが出席する「月例経済報告を聞く会」が総理官邸で開かれた。初参加である新総裁はそこにやや遅れて登場し(多分その前の閣議が早めに終わったのであろう)、大蔵大臣の顔を見るなり、にこにこしながら大きな声で「イヤー、(公定歩合引き上げの話が新聞に)出ちゃいましたネー」と述べられた由である。これに対し大蔵大臣は「そんなことは聞いてない」と不快気に応じられた。

本来、漏れてはいけないものが漏れたのである。そもそも日銀総裁は責任者としてそういうことがないように、気をつけなければならない立場にあるのではないか。にもかかわらず、多くの人の前で報道内容が正しいことを示唆するような発言をするとは……といった思いであったのであろう。

「聞いていない」との大蔵大臣の発言を聞いた官邸詰めの新聞記者は、この話を直ちに日銀担当の同僚に連絡し、日銀の記者クラブの有志が同行の関係者に問い合わせることとなった。この担当者は「そんなことはない。公定歩合の引き上げは（大臣が何と言っていようと）予定通りに（今週中に）行う」と答えたようであった。このやりとりを伝えられた大蔵大臣は激怒され、「大蔵大臣が承知してない公定歩合の引き上げはあり得ない。白紙撤回だ」と一歩進んだ発言をされた。それを踏まえ、日銀は同日午後、記者たちに対し「（公定歩合の引き上げは）全く白紙」と説明したということであった。

結局、この3・75％から4・25％への引き上げは、12月25日に行われた。当初予定から1週間ほど遅れたことになる。幸い当時、経済も金融市場も比較的安定しており、この実施の遅れ、及びそれに伴う正常化へのプロセスは市場に一時的な混乱を招いたが、それほど深刻な影響を与えることはなかった。

経済政策は一般に考えられているよりははるかにしっかりとした準備を経て定められているものであること、とはいえ、時として思わぬ事が影響するものであることを示したものである。いつの時代にも心すべきことであろう。

（2021年1月11日）

# 未来への布石 対談

荒巻 健二氏

東京大学名誉教授

【あらまき・けんじ】東京大学名誉教授　1952年東京都生まれ。一橋大学社会学部・同法学部卒業、経済学修士（オックスフォード大学）、経済学博士（京都大学）。1976年、大蔵省（現財務省）入省、IMF財政局エコノミスト、大蔵省国際金融局開発金融課長、長崎大学経済学部教授、経済企画庁財政金融課長、京都大学大学院客員教授などを経て、東京大学大学院総合文化研究科・教養学部教授。ロンドン大学東洋アフリカ研究学院客員教授。2017年より東京女子大学特任教授。専門は国際金融。主要著書に『金融グローバル化のリスク』『日本経済長期低迷の構造』など

※肩書は新聞掲載当時

# プラザ合意、バブル経済の教訓
## Too much, Too late

2021年2月15日、日経平均株価はバブル最盛期の1989年12月につけた史上最高値3万8915円に迫った。一方、物価は引き続き低迷し、低成長が続いている。かつてのバブルとその後の崩壊の過程は、今後のわが国の政策にどのようなヒントを与えるのか。大蔵省（現財務省）で働いた経験を持つ東京大学名誉教授の経済学者、荒巻健二氏に語ってもらった。

### ■バブルの萌芽

**久保田勇夫**　わが国は長期の低成長、物価の低迷、債務の拡大という「ジャパニフィケーション」と揶揄《やゆ》される状況にあります。近年、改めてわが国のバブルと、その後の経済停滞に注目が集まり、そこから今後の政策の教訓を得ようとする動きもみられます。そこで、一体われわれは厳密に何を指して、「バブル」と言っているのでしょうか。

**荒巻健二**　私はバブルを土地や株など資産価格でとらえています。私がバブルを実感したのは、IMF（国際通貨基金）に出向し、アメリカから帰国した1989年です。青山で見かけた電信柱に「200坪90億円」と書かれた看板がかかっていました。それが地価だとわかったとき、「理解不能な世界になってしまった」と驚愕《きょうがく》しました。

荒巻 健二氏

**久保田**　確かに「土地の価格」「株価」およびそれに伴う経済の異様な活況を総合的にとらえて、経済実態にはそぐわない「バブル」だと定義するようです。それは簡単ですが一体、その中核は何なのでしょうか。もし、われわれの政策が間違っていたとしたら、その中のどれに注目し、どれを見ながら政策をやるべきだったのか。それを知りたいと思うのです。あえて言えば、やはり地価でしょうか。

**荒巻**　地価は、その背後にある経済行動、特に金融の動きをうかがわせるものとして、非常に重要です。実際に日本で地価が大きく上昇し始めたのは、80年代前半で、83年頃からそれまでよりもはるかに高いスピードで伸び出しています。

**久保田**　わが国ではバブルの原因は「プラザ合意」（85年9月）だとして、その後、世界的な政策協調下におけるわが国の金利引き下げが、それを推し進めたからだという説が有力ですが、そうでしょうか。

**荒巻**　バブルの萌芽は、プラザ合意より前に存在していたと考えます。大きな背景から考えますと、81年に誕生したアメリカのレーガン政権は、小さな政府を志向し、大規模減税を行い、同時に景気回復による歳入増を狙ったのですが、結局、歳入はそれほど増えず、財政赤字が急拡大してしまいました。一方、米国の金融当局は70年代の終わりから金融引き締めを進めており、金利が上昇しました。

当然ドル高が進み、経常収支も赤字（日本は黒字拡大）となりました。双子の赤字です。この米国自らが作った米国の問題の是正を求める強い要求に、日本は輸出自主規制、土地利用規制緩和等による内需拡大で応じましたが、十分な解決に至らず、更に為替レートの調整に踏み込んだのがプラザ合意でした。

**久保田**　合意直前に1ドル＝238円だったものが、3カ月後の85年末には200円前後に、86年の夏には150円台です。当時は秘密にされていたのですが、プラザ合意の時の竹下登蔵相は、20％程度の円高も受け入れられるという趣旨の発言をされたようです。しかし、円高は40％以上も進んでしまった。

**荒巻**　日本は円高に対して非常に神経質です。輸出産業、重工業で発展してきたという歴史があるからでしょう。「円高不況」の声に押されて、86年以降、景気刺激策が講じられました。円高不況の底は86年11月だったのですが、バブルが最盛期に向かう87年、公定歩合は戦後最低の2・5％まで引き下げられ、巨額の財政出動も行われました。

## ■「平成の鬼平」が退治したもの

**久保田**　私はこの「プラザ合意」以降のわが国の財政、金融政策や対外交渉のプロセスに深く関わりました。例えば金融政策については、円高回避のための公定歩合引き下げを中心とする金融緩和です。これは宮澤（大蔵）大臣の下で、86年から連続的に引き下げました。さらに印象深いのは10年間で430兆円の公共事業を表明し、90年に決着をみた「日米構造協議」です。

その中で特に注目したいのは公定歩合の引き上げです。日銀は89年5月から1年以上、公定歩合引き上げを続けた。同年12月に日銀総裁に就任した三重野康氏は、この引き上げを果敢に続けバブル退治をする「平成の鬼平」と呼ばれた。ところがこの時、株価は下がり続けていたんです。

**荒巻**　株価は89年末に最高値となり、90年になると下落を始めました。特に90年3月からは崩壊のような下がり方です。そして東京の地価も伸びは止まっていました。一方、公定歩合の引き上げは90年8月まで続き、計5回、2・5％から6％へと急激に引き上げられました。

**久保田**　当時の日銀は、各種の現象のうち、何を見て公定歩合引き上げを続けたのでしょうか。株価はかなりの勢いで下がっていました。１９８７年に実質合意されたＢＩＳ規制（バーゼル合意）では、わが国の銀行の自己資本比率が他国と同一基準を適用すると著しく低いことが意識され始め、その比率改善等を目指して銀行はその保有株式を特に期末に大量に売却していました。それに、地価は下落し始めていたわけでしょう。

**荒巻**　公定歩合の引き上げペースは、明らかに急ぎすぎでした。どういう意見が政治や政策を動かしたかというと、「こんな高い地価を放置してはいけない」という社会的公平、社会正義からの議論でした。

**久保田**　90年３月に地価高騰を抑制しようと、大蔵省が土地取引総量規制の通達を出しました。私は大蔵省の調査企画課長でした。あの通達が出る少し前、銀行局長が経済政策の責任者である総務審議官（現在の統括審議官）のところに来ました。私も同席しましたが、「効果はないだろうが、やらざるを得ない」と言う。「効果がないのに、なぜやるのか」と尋ねると、「ジャーナリズムと政治家がもたない」と。そこに冷静な分析はなく、「地価を何とかしろ」という世論に流されたといえるでしょう。ところがこの規制は、効きすぎるほど効いてしまった。

**荒巻**　公定歩合に話を戻しますと、バブル崩壊が明らかになると、日銀は91年7月に今度は引き下げに転じます。一連の流れを整理しますと、米国の要求や円高不況への対応として、金融政策だけではないのですが、バブルが膨らみつつあった時に景気浮揚策を続け、「バブル退治」の声に押されて資産価格下落が始まっているにも拘わらず、緊縮策を実行しました。私は「Too much，Too late」。つまり「やりすぎで、遅すぎ」と理解しています。

## ■バブルの「潰し方」が問題

**久保田**　バブル崩壊後、日本はこれまで「失われた30年」と言われる状態に陥っています。この時期に日本は何を失ったのか。それは何故かあまり議論されていませんが、大きなテーマだと考えています。

**荒巻**　資産バブルは過去、世界各地で発生しています。IMFの研究では、住宅バブル崩壊後の価格下落期間は平均4年間で下落幅は30%です。ところが日本のバブル崩壊後は、14年間もの長きにわたって地価下落が続き、下落幅は、住宅地で67%、商業地で87%と、突出した数字です。この影響の大きさを考えれば、バブルを「なくす」必要はあったが、「崩壊」させてはいけなかったのではないでしょうか。

**久保田**　バブルの「潰し方」が問題だったというのは、大きな視点ですね。

**荒巻**　日本の経験を教訓にしているのが中国で、住宅バブルを崩壊させないように努力しているとみています。それはともかく、バブルが日本に残したのは、企業の「低収益資産の蓄積」でした。バブル崩壊後の需要の落ち込みで企業の収益は低下、徐々に金融セクターも悪化し、97年の金融危機につながりました。結局日本企業は、バブル崩壊直後から二十数年間にわたって、日本全体では売上高が全く伸びない時代を迎えました。

この「成長なき世界」の中、企業は次第に、将来に対する明るい積極的な見方を失い、過剰資産の処理やコストカットによる効率化というある意味「後ろ向き」の仕事に、とても「前向き」に取り組んでいきました。雇用の非正規化を進め、国内投資を海外に振り向け、実物より金融投資を増やしました。日本社会が失ったのは、資本設備でも労働力でもなく、将来に対する前向きの気持ち、そうした実物的行動であると思います。

**久保田**　問題はリアルサイドにあったということですね。これは鋭い指摘です。われわれは通常、経済政策や金融政策を論じてきましたが、考えてみればこれらは補助的な問題です。むしろわが国の実体経済の強化、具体的には経済全体の構造改革と企業家精神の涵養《かんよう》に意を用いるべきだったのかもしれません。

**荒巻**　話は戻りますが、久保田さんは株価がピークをつけたあのバブル絶頂期に大蔵省の政策の要である調査企画課長でした。その立場で「バブル」をどう見られたのですか。

**久保田**　われわれも「どこかおかしいのではないか」という意識は強く持っていました。そこで、数字は嘘を言わないということで、異常な計数がないかを探したのです。そしたら2つあった。一つ目は短期金利が長期金利を上回るというイールドカーブの逆転があった。二つ目は3年連続で設備投資が2桁伸びていました。

いろいろと調べた結果、前者は、時には起こる現象で問題はなかろうということになった。二つ目の設備投資の増加については、それが社会の供給過剰を引き起こすのではないかと、その中味を分析したのです。ところが設備投資の大部分は、厚生施設や環境対策であって供給増ではないことが分かった。それで大丈夫だろうということになったのです。

残念だったのは、それではなぜそんなに伸びたのかを、さらに追及しなかった。その原因は金融サイド、すなわち異常な金融緩和だったのです。そこまで気付けば「バブル」の深刻さに突き当たったのかもしれません。その後調査企画課は「日米構造協議」の取りまとめに取り組み、それどころではなくなりました。

現象としては金融機関が異常な貸出競争をして地価が上がり、その土地を担保にさらに融資をした。土地の流動性が増して、バブルとなっていった。こういう事態について、金融市場や銀行のバランスシートを見ていたはずの日銀が、なぜ気付かなかったのかという思いがあります。

## ■「国際交渉」とは「内政」である

**荒巻**　行政が企業行動全体をリアルタイムにつかむのは難しいと思います。だからこそご指摘のように、銀行のバランスシートに立ち入って、どんな分野に偏っているかを見ていくことが有効であったと思います。

**久保田**　日本の場合は、いつも一方向の議論しか紹介されない。いったん地価高騰が問題視されれば、実態は下落を始めていても「何とか下げろ」の大合唱です。地価下落によるデメリットを言い出せない。

**荒巻**　バブル崩壊後の92年、首相だった宮澤喜一氏が金融不安の問題に対処するために公的資金の活用を示唆しましたが、これには当の銀行界を含め全ての関係者が反対し、この段階では実現しませんでした。その後、金融危機が現実となり、98年以降に公的資金注入が進みました。

**久保田**　プラザ合意後の円高に対して、「これは日本を揺るがす大問題だ」といち早く対策に乗り出したのも宮澤氏でした。プラザ合意についてもう一つ注目してほしいのは、西ドイツ(当時)はドル高是正に日本ほど付き合わなかったということです。両国の差がどこで生まれたのか。それは国内世論です。日本では、本来「国益を守れ」というべき政治家から、「米国にもっと譲れ」「米国を怒らせてはいけない」という声が出てくる。これにマスコミも学者も異論を唱えない。こういった土壌で外国と交渉するのは、非常に難しい。国際交渉というのは「内政」なのです。

**荒巻**　今のお話には戦後体制の問題があると思います。戦後、日本は安全保障を米国に依存してきました。その米国が日本を経済的脅威と見なしているという構図になると、世論も政治も米国に対する配慮に傾きます。今後、この枠組みに中国が加わり、日本の選択はますます難しくなっていくでしょう。安保は米国、経済は中国と股裂きになりかねません。国内の政策運営を自律的にやらないと大変です。そのほか、バブルの形成・崩壊からくみ取るべき教訓は何でしょうか。

**久保田**　先ほども述べましたが、一つは異論を紹介して十分に議論する土壌を作ること。もう一つは財務省、金融庁、日銀といった当局と民間部門との十分な意思疎通です。そして結果として経済情勢の分析の「精度」を上げることではないでしょうか。

**荒巻**　日本では何か問題が生じると、すぐに対策が出てきます。本来まずやるべきは科学的な原因分析です。原因を分析せずに対策を打っても、的外れになってしまいます。それからネガティブレッスン、つまり失敗から学ぶことの重要性です。過去の失敗から教訓をくみ取る力が、日本は非常に弱いように思います。

**久保田**　まず実態を正確に知ることですね。次に政策を論じる際に自説に固執することなく異論にも耳を傾けること、そしてドグマを排して有効な政策を選ぶことですね。いま何が起こっているか——。正確に知ることが、経済に限らず政策や経営の基本であるべきです。失ってしまった「明るい未来」を日本が取り戻すために、これからの人々に今日の議論を生かしてもらえるよう願っています。

（2021年3月27日）

# 第4章　アメリカとは何か

米連邦議会議事堂（上）とホワイトハウス。強靭な国家は、世界の政治・経済をリードしてきた

## 創られた強靱な国家

私は1989年6月の人事異動で大蔵省の大臣官房調査企画課長となった。国際金融局為替資金課長を1年間務め、勝手知ったるこの分野で実務にも慣れ金融界との人脈も積み上がり、「さあ、これから為替政策をしっかりやろう」と思っていた矢先である。1983年には、『現代の国際金融』という私にとっての初めての本も出版していた。

調査企画課といえば、大蔵省の経済政策の担当部署であり、ということであれば、わが国の経済政策の要と言える。この時期にその長として、何が仕事のテーマであろうかと考えた。たどりついたのは次の3点であった。第一は、アメリカをもっと知ることであるということであった。私はかねてから、アメリカはわが国にとって格別重要な国であるが、にもかかわらず、われわれはアメリカがいかなる国かよく知ってはいないのではないかと考えていた。アメリカの政治、経済、社会など多くの分野を専門とする組織や人物は多く存在するが、それぞれが自分の専門領域やその所属する流派の考え方に固執しており、その結果として、アメリカとは何かについての総合的な理解が不十分ではないかという認識である。

第二は、当時わが国は貿易黒字が定着し、かつ増大していたが、こういう下で、どうやって金利の引き上げや緊縮的予算を組むといった景気を抑制させる政策を、必要な時に国民に納得させるかということであった。かつては、景気が拡大すると貿易赤字が進み、そこで、景気が良くても金融の引き締め、増税などを行って対処すべきだということで国民の納得を得ることができたが、この方法がとれなくなっていた。

第三は、その直前の参議院選挙で政府与党である自民党が大敗し、いわゆる政治のネジレが生じており、その下での国の政策運営はどうあるべきかということであった。

振り返って、第三の政治とのスタンスについては、もともと私の及ぶところではなかった。第二については、当時最頂期にあったバブルの破裂、長期にわたる物価の低迷と低成長などから、今日では既にそれを問う意義を失ってしまっている。ところが、第一についてはそうではない。のみならず、2017年に登場したトランプ大統領の諸政策と同人が再選を目指した大統領選挙をめぐる混乱など、この米国が近年もたらした世界的混乱は、「アメリカとは何か」を改めて世界に対して問いかけているように思う。そこで、私がこれまでに得たとりあえずの結論を紹介したい。

## ■「難民の子孫」の国

アメリカは、世界の中でも特異な国である。日本はおろか、ヨーロッパやアジアのほとんどの国とは多くの点で異なっている。アメリカと対峙するとき、多くの国は暗黙のうちにアメリカも自分の国と同じような国だとの前提で向かい合い、そのことが多くの誤解を生む。同じことがアメリカについても当てはまる。この国も他の国が、自分の国と同様だという仮定の下に諸外国に対処し、そのためにさまざまな摩擦や誤解が生ずる。先のトランプ政権は世界に対して数々の常識外れと思われる政策を採ったし、その再選を目指した大統領選挙でも多くの異常な主張や行動に出た。実はこれらのかなりの部分は、アメリカの成り立ちからみて決して想定外のことではないように思う。

1968年6月、アメリカのロバート・ケネディ元司法長官が暗殺された。当時、私は英国のオックスフォード大学に留学中であった。5年近く前の1963年11月には、兄のジョン・F・ケネディ大統領がダラスで撃たれて死亡していた。兄弟続けて国の高官が暗殺されたのである。ただでさえアメリカとは格別の関係にある英国では大騒ぎになった。BBCテレビはこのニュースを採り上げ、その背景、影響、アメリカ政治における意味を問い、有識者へのインタビューや討論会を放映した。そこでわれわれが驚いたのは、かつて英国の首相を務めたダグラス・ヒュームの発言であった。既にかなりの年齢であった彼はキャスターから、「アメリカのような文明国で、どうしてこういう事件が連続して起こるのでしょうか」と聞かれた。当人はなぜそんな質問をするのだという顔をしてこう答えた。

〝They are refugees, aren't they?〟〈彼らはつまるところ（ヨーロッパからの）難民ではないか〉と。聴いていたわれわれは、「ウォー」と驚きの声を挙げた。言わんとしていることは明瞭であった。「アメリカが文明社会だとあなたは言うが、本当にそうか。彼らはもともとヨーロッパでは生活できずに逃げ出した難民が作った国ではないか。そういう野蛮なことを起こしても不思議ではない」という含意である。成り上がりのアメリカに対するやっかみと、多少の偏見を含んだ発言ではあったが、核心をついた返答であったと思う。

## ■トランプ的政策の素地

すべての人たちがそうであったわけではないが、確かにアメリカの建国者の多くは、生活に困って、自由な天地を求めて、ヨーロッパからアメリカに渡った人たちであった。そしてその人たちが、先住民がところどころに住む広大な地域に人為的に創った国なのである。それぞれの母国で、既存の制度の下でうまくいかなかった人たち、それに不満だった人たち、そしてさまざまな異なった考え方や背景を持った人たちが集まった集団をまとめてアメリカが創られたのは事実である。政治の仕組みも、歴史的な過程として年月をかけて生成されたものではなく、これらの中で、ヨーロッパの知識階級であった人たちがいろいろ工夫してこれが良かろうと創り出したものである。その結果として出来上がった国や社会の仕組みは、これらの特殊の事情を反映した、多くの国と異なったものとなっている。

トランプ大統領の採った常軌を逸したと思われる各種の政策、その言動はある意味、こういう背景を持った国が内在的に持っている危険性、不安定性が顕在化したものというべきではないかと思う。賢人たちがそういう人物が出てきたり、そういう事態が生じてもなお国として「正常に」動くように仕上げた仕組みが、その想定通りに機能しなかったと見るべきではなかろうか。アメリカとは格別の関係にあるわれわれとしては、コロナ対策や大統領選挙をめぐるドタバタを批判的に見るだけではなく、そういう個人をトップに据えながらも、それへの対応で見えてきたアメリカの制度そのもの、及びそれを動かす社会の強靱性に注目すべきではなかろうか。

（2021年3月1日）

## 不完全な統治機構

私の「アメリカ異質論」の源は私の大学時代に遡《さかのぼ》る。

1962年4月、私は東京大学に入学した。当時、大学4年間のうち2年間は駒場の教養学部で過ごし、後半の2年間は本郷の法学部で過ごすことになっていた。ただ、法学部の1部の科目の講義は、2年生の後半から開始されることとなっていたし、「ゼミ」への参加の機会も与えられることになっていた。私は、後に亜細亜大学学長を務めることとなる教養学部の衛藤瀋吉教授の「政治思想史」(だったと思う)に入ることを希望し、64年4月にその参加者を選別するためのオリエンテーションに参加した。

募集要項のチラシには法学部へ進学予定の学生も参加可能と書いてあったが、衛藤教授は「法学部の学生はどうせ役人になるので、こういうことを教えても無駄だからゼミには採らないことにした」と言う。それなら最初から言ってほしいところである。そうは言いながらも、同教授はゼミで使う予定の本のリーディング・リストを全員に配った。全体で30冊程度だったと思う。私はそう言うのなら、自分でこのリストに掲げられている本を片っ端から読んでやろうと考え、リストアップされている本を、なるべく系統立てて読むことにした。そのとき買った本の多くは今も手元にある。浪人時代にほとんど本から遠ざかっていたことによる読書に対する飢餓感が1年後も続いていたのであろう、私は今考えると驚くべきスピードでこれらの本を読んだ。多くは読了した63年の日付がついており、ところどころに傍線があり、コメントも残っている。

「権利のための闘争」(イェーリング)=(4月26日)▽「帝国主義論上」(ホブソン)=(4月30日)▽「実践論・矛盾論」(毛沢東)=(5月1日)▽「帝国主義論下」(ホブソン)=(5月7日)▽「帝国主義」(レーニン)=(5月11日)▽「君主論」(マキャベリ)=(5月14日)▽「文芸講話」(毛沢東)=(5月16日)▽「コモン・センス」(トーマス・ペイン)=(5月20日)といった具合である。

手元にはないが、「金融資本論」(ヒルファーディング)、「菊と刀」(ベネディクト)、「職業としての学問」(マックスウェーバー)、「共産党宣言」も読んだ。「世界憲法集」(宮沢俊義編)や「論語」なども書棚に並んでいる。

## ■「政府は必要悪」

この中の「コモン・センス」は、アメリカ革命の動因の一つといわれる書である。著者のトーマス・ペインはイギリス人で、さまざまな職業に就いて努力したがうまくいかず、アメリカに渡って独立運動を指導した人物である。当時のイギリスの制度がいかに不合理であるかが、具体的に、かなり激烈な調子で書かれており、国家、公に対する不信感が渦巻いている。

上記の「世界憲法集」に収められている「アメリカ合衆国憲法」についての斎藤眞氏（後に東大教授）の解説は、憲法を中心とした米国の公的制度の仕組みについて次のように述べている。「この憲法は、『保守派』と『急進派』との妥協、言いかえれば権力への強化統合への直接的要請と権力への伝統的不信感の妥協の産物であった。つまり、現実の支配の要請と、『政府は必要悪』という古典的市民社会の理念との複雑な化合物なのである」

64年4月、私は法学部に進んだ。法学部では「ゼミ」に参加することは必須ではなかったが、「行政法」（雄川一郎教授、塩野宏助教授）と「英米法」（田中英夫教授）のゼミに参加した。「英米法」のゼミの田中教授は30代であった。私が福岡県の出身であることを知って「高校はどちらですか」と聞かれ「修猷館です」と返答したところ、「僕も修猷館です」と応えられた。17年先輩であった。この教授の父上である田中和夫氏も英米法の教授であり、最初は九州大学、次いで、一橋大学で教えておられたことは後で知った。

ハーバード大学のロー・スクールでも学ばれた田中英夫教授は、米国のスタンダードな教材であるらしい本の抜き刷りを学生に読ませて議論をさせたり、当時まだよく知られてなかった「ケース・メソッド」による勉学方法を紹介したりしながら、米国の法体系、その背景にある考え方、当時の米国法学界の幾つかのテーマについて丁寧に指導された。同教授の東大時代での指導教官はブレークニー氏であったが、彼は第2次大戦後の極東軍事裁判で日本人被告の弁護人の1人であった。

## ■連邦制

この大学時代と、その後を通じて私が得た結論の一つは、アメリカという国の統治機構は仕組みとしては、甚だ不完全なものであるということである。その理由は幾つかあるが、何よりもこの国(連邦)が国内の全ての事項に関与する権限を持っていないことに由来する。

わが国をはじめ多くの国では、国家は全ての事項について関与することができる。わが国ではある事件が起こると、それについて必ず所掌の官庁が存在する。ところが、アメリカではそうではない。全ての権限は個人にあり、その中で、国民が同意した事項についてのみ州が関与しうる。そして、その州の関与しうる事項の一部が国(連邦)の関与しうる事項ということになっている。その結果、この国では、国(連邦)の関与しえない空白の領域が多く存在するのである。

理由は明快である。それはこの国を創った人々に国家や公に対する著しい不信感があったからである。権力を持った者は何をするかわからない。そこで彼らが関与できる範囲はできるだけ狭い方がいいし、関与するにしても、その程度はできるだけ少ない方がよい。政府の関与の裏付けである財政の規模は少なければ少ない程よい。増税は政府活動の範囲を広めるし、個人の企業などの「幸福追求(これは金を儲けるということとほとんど同義語である)」の権利を妨げるから好ましくない。むしろ減税が好ましい。信頼に値しない当局に治安を任せるのは危険であり、自分は自分で守るべきであるから個人がそのために銃を持つのは当然だ(銃規制には反対)ということになる。この論に沿えば、例えばコロナ拡大を防止するためのマスクの強制は、個人の自由への干渉であり反対ということにもなる。

このようにみてみると、トランプ前大統領のバスや公的施設でのマスクの義務づけを求めないといった合理的でないと思われる各種の政策がアメリカでわれわれが考える以上に強い支持を得たのもうなずけるところである。

このような不完全な統治機構を持つ国であるアメリカがそれなりに一つの国として機能し、最強の国として世界の政治、経済、社会をリードしているのはなぜか。次回でそれを探りたい。

(2021年3月22日)

## 不完全な統治機構を支える二つの要素

ここまで述べたように、アメリカの統治機構は極めて不完全なものである。では、そのような国がなぜ、一つの国として機能し、多くの分野で世界をリードするに至っているのであろうか。

私は東京大学法学部の学生時代、田中英夫教授の英米法のゼミに参加したが、その中で「オヤッ」と思う話があった。米国の法曹界では、ある法律の解釈や考え方について迷ったときには法律家（ｌａｗｙｅｒ）は、その領域についての権威とされる〝ｌａｗｙｅｒｓ，ｌａｗｙｅｒ〟（法律家の法律家）に見解を求める。その専門家がさらに困ったときには、そのまた上位の専門家である〝ｌａｗｙｅｒｓ，ｌａｗｙｅｒｓ，ｌａｗｙｅｒ〟（法律家が頼る法律家）のところに意見を求めにいくというのである。このことはアメリカの法律家の間に、公的な権威とは無関係にその知識や能力に応じた社会的ヒエラルキーが存在し、それが現実に機能しているということを意味していた。それまで私はアメリカとはそういうものが全く存在しない、ただ容赦ない無秩序な競争社会ではないかとボンヤリと考えていた。そうではないらしい。その後の私の米国とのさまざまな接触を通じて、私の当時の推測は今では確信に近いものに変わっている。

## ■社会的ヒエラルキー

結論的にいえば、米国では日ごろから法律家は法律家として、経済学者は経済学者として、恐らくその仲間同士の激しい論争を通じてであろう、それぞれのｐｅｅｒ（同僚）としての格付けが暗黙のうちに確立し、それがさまざまな形で重要な機能を果たしているということである。そうであれば、このことはこの国では公的な制度、統治機構を補完する国家・社会の安定機能が存在するということになる。

その示唆するところは極めて大きい。例えば政府高官の任用においても、大統領といえども、当人の意見が大統領のそれと同じであるという理由だけでは、意中の人物を任命できないことを意味する。候補者は、その分野で、それなりの評価を得ている人でなければならないのである。例えばトランプ前大統領による連邦最高裁判所の判事の任命についてである。アメリカでは最高裁判事は終身であり、このことが違憲立法審査権を持つこの機構がアメリカの将来を大きく左右することから、だれが任命されるかについては格別注目されている。トランプ氏は大統領在任中にいずれも保守色の強い３人の判事を任命した。しかも大統領の任期終了直前にエイミー・バレット氏という極めて保守的な人物を任命した。大統領の任期終了直前の任命や当人の強い保守性に着目して、その任命を批判する向きはあったが、この人の法律家としての資質に関して異論があったとは伝えられていない。当人がｐｅｅｒとして高い地位にあるからであろう。

金融や経済政策の分野についても同様である。国家経済会議（ＮＥＣ）委員長や財務長官を歴任したローレンス・サマーズ氏は、もともと経済学者として高い評価を得ていた人物であり、その後ハーバード大学の学長となった。バイデン新大統領の下で財務長官となったジャネット・イエレン氏は、ＦＲＢ（連邦準備制度理事会）の理事や議長を務めたが、彼女はかつてジェームズ・トービン氏という米国のケインズ経済学の大権威であった教授の下で助手（ｔｅａｃｈｉｎｇ ａｓｓｉｓｔａｎｔ）として極めて優秀であったといわれる。ちなみにトービン氏は、私が１９６０年代末、英オックスフォード大学に留学していた際、脂が乗り切っていたＲ・Ｃ・Ｏ・マシュース教授の金融論の講義で最も多く引用された学者の一人である。

このようにアメリカではわが国で時折そういう批判があるように、その人物の憲法解釈が自分の考えに近いからとか、その主張する金融政策が自分の意図するところと一致しているからとか、あるいはテレビなどにしばしば登場してよく知られている人だからとかいう理由だけでは政策の責任者の地位には就けないのである。

このような公的ではない、事実として確立された各分野における「社会的ヒエラルキー」の存在はアメリカ社会の安定と、その政策の質の向上に大きく貢献しているように思う。

## ■強い愛国心

この不完全な統治機構を持つアメリカを十分な国家として機能させているもう一つの大きな要因は、アメリカ国民の愛国心の強さではないかと思う。国家に忠誠を尽くすことについての教育は、わが国の比ではない。教育の現場では幼い頃から国歌の斉唱、国旗への敬礼が徹底しているようである。同国の歴史についてもそうである。異なった国や文化で育ち、宗教も考え方も異なる人々によってできあがった国をまとめるために必要であったというところにその淵源を発するのであろう。アメリカの学生には嫌いな科目として「歴史」を挙げる者が多かったが、これも短い同国の歴史をあまりにも細かいところまで教えこもうとするからではないかといわれている。この結果育まれた強い愛国心は不完全な統治機構を持つこのアメリカの国民としての「同一性」(identity)の強化につながっているように思う。

アメリカ国民の強い愛国心の存在は、この国の考え方、国民の具体的な行動、そして幅広くこの国の各種の政策などにさまざまな形で現れているが、ここでは具体的には触れない。

大事なことは何よりもアメリカがいかなるものかを理解するためには、個々の法律や具体的な仕組みといった目に見えるものだけで判断するのは極めて危険だということである。このことは、わが国にとって格別留意すべきことではないかと思う。それというのも、わが国では不思議なことに近年、それも敗戦から何十年もたった後に政治、経済、社会の仕組みについてアメリカの制度を過度に意識した改正が行われるようになったように感じるからである。

具体的には、米国の強い大統領制に影響を受けた首相の権限の強化、訴訟社会を想定した法曹界の人員の大幅増加や陪審員制度を意識した裁判員制度の導入、具体的な政策決定のプロセスの場におけるパブリック・コメント類の活用などなどである。小選挙区制度の導入も伝統的に二大政党が存在するアメリカのそれに影響を受けた面があろう。いずれも1990年代後半以降の進展である。これらは、先に述べたような社会的ヒエラルキーの大きな役割、強い愛国心の存在、その他諸々のアメリカの特性を十分に見極めることなく進められてきたように思う。その背景及びこれらの評価については後日とりあげたい。

（2021年5月17日）

## バイデン大統領の財政・租税政策

2021年1月に誕生したバイデン大統領の政策は、トランプ前大統領のそれとはさまざまな意味で対照的である。

まず政策の進展が早い。米国では大統領が交代すると、新政権下では政策の起動が遅いのが常である。なぜならば、大統領が代わると、その政府の幹部であるいわゆる「政治的任用」下の人々の交代があるのが常であり、その人選及び議会承認に時間がかかるからである。トランプ前大統領の場合には、その政策が定まらないこともあり、格段に遅かった。ところが、バイデン政権はそうではない。大統領就任の1カ月半ほど前、ある有力誌の記事でその重要なスタッフが「この政権では新大統領がその最初の100日間で何をやるか、次の100日間で何をやるかを既に決めている」と述べていたが、その通りである。

政策実施のスピードに加えて、政策の方向や内容にも大きな違いがある。脱退していた世界保健機関(WHO)や気候変動に関するパリ協定への復帰、北大西洋条約機構(NATO)やアジア諸国の同盟関係の改善など、国際社会への復帰といった対外政策のそれは広く認識されているが、国内の経済政策についてもそうである。

## ■政府の役割の再評価

その一つは、政府の役割を再評価し、その結果としての小さな政府から大きな政府への転換である。バイデン政権は2021年3月には、1兆9千億ドル(約200兆円)の歳出を可能とする「米国救済計画」を成立させた。これは、ワクチン対策とコロナに関連する弱者対策を内容とするものである。

同政権は続いて、第2弾と第3弾の大型支出計画を発表している。第2弾は2兆3千億ドルの「米国雇用計画」と呼ばれるインフラ強化策である。ここでは「インフラ」という言葉に、通常言われている道路、鉄道などの経済インフラに加え、老人その他の弱者対策という意味での人的インフラ及び産業のインフラという意味での半導体関連事業を含めているようである。第3弾は「米国家族計画」という1兆8千億ドルの教育、子供、老人といった観点からの個々人に対する生活環境の充実策である。

## ■税率の引き上げ

経済政策についての大きな変化のもう一つは、減税政策から増税政策への転換である。バイデン政権は第2弾と第3弾の歳出を、富裕層と法人への増税で賄うとしている。現在のところ、法人税については現在の21％の税率を28％へ引き上げ、所得税はその最高税率を37％から39・6％へと引き上げた上で、現在は他の所得とは区別して、金額の大小にかかわらず一律に20％の分離課税の対象としている利子・配当所得も、総合課税の対象とするという。この結果、利子及び配当にかかる最高税率は、それに課される付加税も含めて現在の23・8％から43・4％に上昇することになるという。

前任のトランプ氏は減税政策を採用した。法人税の税率を35％から31％へ引き下げ、所得税も7段階であった課税区分を3段階に縮小して実質的な減税を行っている。

このようなアメリカの急速、かつ、鋭角的な政策の変更は周辺国や世界全体に新たな対応を求めることになる。われわれは好むと好まざるとにかかわらず、これまで同様、このような急激な変化を伴うアメリカに対処していかざるを得ない。

要は、このようなアメリカの政策をどう評価するかである。国としての政策の一貫性がないという点ではその通りであろうが、他方で、これにより、この国の政策がいい加減であると判断するのは間違いである。

俯瞰すれば、この新しいバイデン政権の政策は基本的には民主党の伝統的な考え方に沿ったものである。税については、同党は必要とあらば増税を辞さない。それは、テーマによっては、国家は積極的な役割を果たすべきであるという同党の姿は、当然大きな政府の容認を意味し、その為には財源が必要だからである。また、その目指す、より平等な社会は高額所得者への課税強化には親和的である。

私は1972年6月から4年間、課長補佐として大蔵省主税局に勤務した。驚いたことは、わが国の所得税の最高税率が異常に高いことであった。国税である所得税の最高税率は75％、地方税である住民税の税率は18％であったように思うが、この両者を単純に合計すれば93％となる（実際は地方税の計算の仕組みによって最高限界税率は90％だったように思う）。せめて「五公五民」（国や地方の取り分は半分）とすべきではないかというのが当時の主税局の雰囲気であった。この異常に高い税率の淵源は第二次大戦後、わが国の占領政策を担当していたその部門の責任者が米国の民主党系の人であり、彼らが母国で実現できなかった高額所得への重課を日本で実現しようとしたからだと聞いた。

バイデン大統領による大きな政府も、民主党の伝統的な流れに沿ったものである。顕著なものとしては、失業救済のため、フランクリン・ルーズベルト大統領が実施した「ニューディール政策」や、リンドン・ジョンソン大統領の「偉大な社会」がある。

## ■良質な経済政策

改めて検証してみると、一連の財政・租税政策が極めて合理的であり、かつ経済原則に沿ったものであることがわかる。

第1に、現下のコロナ禍という未曽有の危機への対策として個人の生活を守るという、いわゆる「セーフティー・ネット」の構築が行われている。わが国のように、コロナ対策のため行動の自由が制約され、その当然の結果として景気が低下しているときに、これを打ち消すための景気刺激策を予算に計上しているわけではない。

第2にコロナ禍のために経済構造が大きく変わろうとするこの時期、経済の成り行きは市場に決めさせようとする市場経済原則の活用である。例えば業界の事情を考慮して予算をつけるとか、前年同期比の売り上げをベースに支給金を計算する(これは従来の経済構造を守るという思想に基づいている)といったことにはなっていない。

第3にインフラ強化とか教育の充実とか、経済を強化するための本来的な政策の支出増がその財源、すなわち増税とセットにして国民に提示されている。わが国の場合、2020年度中に当面のコロナ対策の他、国土強化、デジタル化推進などのために巨額の予算が追加されたが、新規財源の具体策はおろか、財源についての議論すら十分に行われてはいない。

では、アメリカはいかなる仕組みでこのような良質の経済政策を可能にしているのであろうか。それがわが国の政策に意味するところは何か。次項以降で取り上げることとしたい。

（2021年6月28日）

## 「タイム」誌で知るアメリカの実情

私はこれまで30年以上、米週刊誌『タイム』を購読している。定期購読を始めたのは1980年代前半、私が大蔵省の財務官室長であったころである。読み始めた理由は、これによって何とか「アメリカ英語」をマスターしたいと思ったからである。イギリス英語については、2年間のオックスフォード大学留学時代にどっぷりと浸かっていたこともあり、かなりの水準に達したと考えていた。彼らの話す英語を、いい加減に聞きながらでも理解できる程度になっていたのは、そのテーマを熟知していたことのほか、彼らの話す英語のイントネーション、スピード、その文章の構成、特定の動詞と結びつきやすい副詞や形容詞などについて慣れ切ってしまっていたからである。そこで毎週『タイム』をしっかり読んで「アメリカ英語」をこのような程度にまでマスターしたいと考えたのである。

ところが、この試みはうまくいかなかった。アメリカにはイギリスの「女王陛下の英語」に対応するような定型化され、標準化された一般的な英語は存在せず、その人特有の英語、例えばボルカーにはボルカーの、キッシンジャーにはキッシンジャーの英語があるだけだということがわかった。ただ、この『タイム』は色々な意味で大変役に立つことがわかった。例えば、これによってわれわれにとって極めて大切なアメリカの質の高い情報を得ることができるのである。私は、そこに掲げられている記事で現在進められているバイデン大統領の巨大な財政支出を伴う財政政策がいかによく考えられたものであり、質の高いものであることを知った。

■「バイデン・ドクトリン」の背景

その5月24日・31日合併号では、バイデン大統領が推し進めている3つの巨大な財政支出計画の背景とその考え方が2ページの記事で簡潔かつ明快に紹介されている。これによれば、唐突に出現したように見える「米国救済計画」や「米国雇用計画」、「米国家族計画」は、近年40年間の米国の政治・経済の仕組みが現在では不適切なものであることが判明したからだというのである。以下、この小論を私なりにまとめてみる。

○1970年央以降のアメリカの政策を導いた考え方は、R・レーガン大統領が述べた「政府は解決策をもたらすものではなく、政府そのものが問題」というものであった。このような考え方の下、エコノミストも、政治家も、大部分の一般のアメリカ人も、経済成長をもたらす最上の方法は、できるだけ規制の少ない自由な市場を作ることであると考えてきた。
○ところが2008年の「大恐慌」によってこのような考え方に疑念が生じ、今回の「コロナ」でこの考え方が間違っていることがわかった。
○現在、大部分のアメリカ人は(1)デジタル企業に象徴されるアメリカの超巨大企業の分割、(2)最低賃金のかなりの引き上げ、(3)超富裕層への富裕税の賦課、(4)相当額の公共投資に賛成である。
○この新しいアプローチ(これを「管理された市場主義」とでも呼ぶ)の考え方は次の三本柱からなっている。
(1)市場の規制の内容は明確であるべきであり、かつ、それがどのような人々にもフェアに適用されるべきである。
(2)市場経済の発展のためには公共財(道路、空港、公共輸送、学校、太陽光パネルなど)への積極的な投資が必要である。
(3)国家には適切なマクロ経済政策によって、突然のショックや不測の出来事のバッファーを果たすという役割がある(そういう非常時には国はゼロ税率金利や国債の購入といった異例の金融政策を採用したり、国民を貧困から救い、事業を継続させるための巨額の財政支出をすべきである)。

○国家が、一般人に対する保育を充実したり、学生のローンの負担を減らせば、それらは結局はより高い経済成長をもたらすことになる。
○現行の独占禁止政策は巨大企業が中小企業との競争を阻害していないかどうかチェックすることを基本に組み立てられているが、それでは不十分である。現状では、個人や中小企業は大企業の価格設定に関して何らの影響力も持ちえない。超巨大企業は分割されるべきである。このことは党派を超えてアメリカ国民の大部分が支持している。
○われわれは資本主義が問題だと主張しているのではなく、これまで40年間の資本主義が問題だと言っているのである。アメリカの経済に国家が適切に関与すれば、われわれはより多くの人々に安定的な繁栄をもたらすことができる。

■政府は政策の立案者ではない

見事なバイデン大統領の政策哲学のサマリーである。筆者は〝Economic Security Project〟の共同議長であり、〝Roosevelt Institute〟の顧問とされているが、民主党系シンク・タンクの重鎮のようである。われわれは、この記事によって多くのことを知ることができる。

その第1は、実施されようとしているバイデン大統領の新しい経済政策は、取り巻きの人の思いつきや世の中に主張されている各種意見の集約ではなく、考え抜かれた極めて質の高い政策であるということである。近年のアメリカ経済の変化を観察し、この40年間の同国の政策を再点検し、変化後の米国経済の成長の為に望ましい経済政策を一定の原理に従って、具体化しようというものであることがわかる。

その第2は、アメリカの政策が、わが国や世界の大部分の国とは異なり、政府によって立案されているわけではないということである。経済政策を含めアメリカの政策は、国内の多くの関係者によって、恐らく数多く存在する民間のシンク・タンクを中心に、検討され作成されている。この国の政府は知恵袋ではなく、権力を握った者がその主張する政策を実施するための組織に過ぎないのではないかということになる。

この第2の点は、われわれにとって大変重要なことを示唆している。

その一つは、政府が政策立案当局でないということであれば、アメリカ政府を相手に政策論争をしてもあまり意味がないということになる。同国の政策に働きかける場合、その政策を動かしている民間のシンク・タンク、専門の学者など、政府以外の人々を相手にしなければならないのではないだろうかということである。

その二は、わが国の行政の仕組みについて、アメリカを手本にするのは慎重であるべきではないかということである。わが国をはじめ、世界の大部分の国にとって政府とは政策の実施機関ではあるが、それ以上に国の知恵袋であり、最も重要なシンク・タンクである。そういう世界の大部分の国にとって、政府は単なる政策の実施機関であるというアメリカをモデルに国の行政の仕組みを考えるとどういうことになるか、結果は明らかであるように思う。

（2021年7月26日）

## 往時の国際金融局

私は1966年4月、大蔵省に入省したが、最初に配属されたのは国際金融局（現国際局）であった。翌年、オックスフォード大学に留学し、英国人にとっても大変難しいとされた試験をベースにした経済学修士号（B．phil．Economics）を日本人としては初めて取得した。指導教官はピーター・オッペンハイマーという国際金融の専門家であり、67年11月に英国がその通貨ポンドを2・8ドルから2・4ドルへ切り下げた際には、時のウィルソン政権に助言していた。

1979年の夏、私は国際金融局へ短期資金課の課長補佐として戻ってきた。外国為替などの担当である。その2年後、総括補佐として総務課に移った。霞が関では珍しいことであるが、この3年間、この局のトップである国際金融局長及びナンバー2である次長はそのポストを動かなかった。また、1年目の上司であった課長には、3年目には再び課長として仕えた。

結局、私はこの間、この3人の上司から国際金融行政に関する技術や考え方をみっちり仕込まれることになった。旧制高校を経て東京大学法学部政治学科を卒業した局長からは国際

大蔵省国際金融局の幹部会の様子。正面右奥は財務官室長として出席した筆者（1984年5月）

政治に関わる発想を、次長からは国際金融の大筋と各種交渉における戦略を、そして総務課長からは国際金融政策の具体的な立案と業界行政のやり方を学んだ。私はその後もこれらの人々と仕事の上で密接な関係を保ち続けることになる。

## ■「ナポレオン」局長の戦略

その風貌が似ているということで、とはいえ本物を見た人がいるのかという疑問は残るのだが、「ナポレオン」と呼ばれた国際金融局長は、公務員人生のほとんどを大蔵省の主計局で過ごした人物である。中堅の頃、3年間外務省に出向してニューヨーク総領事館の参事官を務めたほかは国際金融にかかわったことはなかったが、国際政治について深い見識があった。

1979年には、いわゆる第二次オイルショックに見舞われ、原油の供給をほとんど輸入に頼っていたわが国は原油価格の急騰により、貿易赤字が大幅に拡大し、円は急速に安くなった。われわれは「円対策」を打つとともに、外国為替市場に介入して外貨準備であるドルを売って円を買い支えた。その結果、外貨準備は見る見る減少していき、その補填《ほてん》は喫緊の課題であった。わが国がかつてある産油国から借り入れたドルの返済期限が到来し、これを何とか更新しようとしたがうまくいかなかった。頼りになるのは、原油価格の急騰に伴って外貨をため込みつつある湾岸諸国である。局長は、国と国との良好な関係は一朝一夕にはできるはずがない、そういう国とは日頃から仲良くすべきであるとして、中東へのミッションを定期的に派遣するということを始められた。

この局長は後年、すなわち84年、英国と中国との間で香港の中国への返還が合意された際に、「将来香港ではバブルが生じ、その結果これまでこの地に投資してきた連中は自己の投下資本を大きく回収して引き揚げることになるだろう」と予言された。その言葉通り97年の香港の返還に向けて、香港の地価や株価は大幅に上昇した。退官後、その旧制高校時代の友人であった中国の高官から時折、ひそかに、例えば「中国国内における外貨取引の規制緩和はどう進めたらよいか」などについて問い合わせを受けておられた。そのような折、私は呼び出され、どう思うかとの質問を受け、その返事の作成を手伝った。

## ■「アメリカをなめてはいけない」

それはさておき、具体的には1980年頃、66年から始まった将来の国際化に備えた若手の欧米への海外留学制度の成果がようやく出始め、国際金融局にもこの連中が課長補佐として配属されるようになった。欧米の大学の、多くは大学院に学んだ彼らは流石に優秀であり、米英で学んだ者のほとんどは2年間で現地の学生に伍《ご》して大学院の修士号を得て帰国した。中には首席で卒業した者もいた。その彼らからみると、上司の多くは頼りないものであった。第二次大戦後の混乱は、わが国の高等教育にも影響を与えていたようであり、この時期に学んだこれらの人たちのレベルにはバラつきがあり、また、対外関係、特に米国との交渉においても弱腰であるように思われた。先方の要求をよく反論することもなく「アメリカがそういうなら」と簡単に受け入れているように思われた。ところが実際に、米国との交渉に陪席して観察してみると、相手方であるアメリカの公務員はそれほど強力でもない。そこで、彼らの中には自らの留学中の経験も踏まえて、アメリカは大したことはない――と、高を括《くく》る者も現れるようになった。

これをたしなめたのが、かの「ナポレオン」局長であった。「日本はなぜ米国に敗けたか」という、その時期に青年期を過ごした人が当然持っていたであろう意識の強かったこの人物は、歴史をよく勉強し、いろいろと考えていた。私が、日本海軍の敗戦について尋ねたところ、「何と言っても千早正隆を読め」とのことであった。私は長い間かかって、この元連合艦隊参謀の書いた「日本海軍の戦略発想」の復刻版を見つけ出した。ニューヨークでもそういう意識でアメリカを見てきたであろうこの人の口癖は「アメリカをなめてはいけない」というものであった。個々の公務員の力はともかく、国としてのアメリカの底力は大変なものである、心して対処せよということであった。

私はそれ以降十数年にわたり、アメリカを相手とした国際交渉に携わることになった。それらを通じ私はこの老かいな局長の述べたことが間違いでないことを知った。その力の源泉は必ずしも個々人の能力や個々の組織ではない。それは、この国の組織や仕組みがその機能を通じてもたらす底力であり、それを支える強固な思想であろうと思う。

（2021年8月9日）

# 第5章　競争社会としてのアメリカ

国際金融局次長時代の交渉相手、ティモシー・ガイトナー氏（元米国財務長官）と香港の「アジア金融フォーラム」で再会。ガイトナー氏とは１９９４、95年の「日米金融サービス協議」において、日本側トップとして激しいやり取りを繰り広げた（２０１４年１月）

## 「異常性」がもたらす進歩

アメリカを強国たらしめている要因はさまざまであるが、経済面について言えば、それがユニークな競争社会であるということではなかろうか。現在のバイデン政権は「米国の超巨大デジタル企業には問題が多い」「独占禁止政策は大幅な手直しが必要である」などとしているが、経済は市場原理に任せるという思想に変わりはない。このことは今後もアメリカが競争社会であり続けることを示唆している。

なぜ、アメリカの市場経済、競争社会がこの国を格別強力なものにしているのであろうか。その一つの理由は、この国の競争が、われわれの想像を超える程激しいということではないかと思う。私がこのアメリカ社会の競争の、いわば「異常性」に接したのは、これもまた英国留学中の話である。英オックスフォード大学の2年目に、後にノーベル経済学賞を受けることになるMIT(マサチューセッツ工科大学)のロバート・ソロー氏が客員教授として訪れ、経済成長論の講義をした。

このアメリカから来た教授は、多くの学生を前に黒板一杯に数式を展開しながら、毎回、実に楽しそうに講義をした。曰《いわ》く、「これでこちらに来るのは2回目だが、自分はここが大好きだ。ここでは何の心配もなくこうして好きな学問ができる。アメリカにいるとそうはいかない。そこでは同僚たちが色々なことを仕掛けてくるので、それに心を配らなければならず、気が休まる暇がない」というのである。

## ■〝Publish or Perish〟

後に、アメリカでは、学者として生き残るためには、とにかく多くの本を出し続けることが大切であり、〝Publish or Perish〟(本を出さない限り消される)と言われていることを知った。まさかと思ったが、アラン・ブラインダー氏というこれも高名な学者に会ったときに聞いてみたところ、これを否定しなかった。彼は当時、その前年の講義録をベースに年に5、6冊本を書いている由であった。大蔵省時代のわれわれの交渉相手であった米財務省の高官は、海外出張が多く、ワシントンを留守にすることが多かった。あるとき帰国してみたら彼の優秀な秘書が隣の同僚に引き抜かれてその秘書になっていたという。何かにつけて心安らかでない社会のようである。

そういうコストを伴いながらも、この国は同様に市場原理に立ち、同様に競争社会である他の国、例えば日本やヨーロッパに比して大きな成果を挙げている。それはなぜか。結論的に述べれば、それは第一に世間の評価や常識にとらわれず、ただその正解を求めようとする真摯《しんし》で貪欲《どんよく》な真理追求の態度、第二に論争は進歩をもたらすための手段でもあるとの認識、そして第三にその結果たどりついた結論の社会的共有とその活用ということではなかろうかと思うに至った。これをわが国との対比で述べれば次の通りである。

第一の点については、この国では例えば、「これは面白い」とか「価値がありそうだ」という主張であれば、それが無名の人のものであっても、世間で広い支援を得ていない考えであっても採り上げられ、広く議論される傾向があるように思う。

わが国においてはそうではない。私は日米交渉に、主として大蔵省(現財務省)の国際金融局を中心に経済政策に関して10年余り、関税局で関税政策と多少の貿易政策に関して2年従事した。その過程でわが国には対米交渉に関して大変重要であるはずなのに、相応の注目を浴びていない本がいくつかあることを知った。

## ■東力氏の「貿易摩擦」の定義

その一つは、東力《ひがしちから》氏による「貿易摩擦のメカニズム—日米貿易政策形成過程の比較研究」である。著者の東力氏は大蔵官僚から国会議員に転身した。同書は1984年、自らいわゆる農林族議員としてこれに参画し、その決着に貢献した日米農産物交渉を素材にしたものである。自らの学識(当人はジョージ・ワシントン大学の博士号を持つ)と大蔵省時代の蓄積を踏まえた日米の貿易政策形成についての比較研究書である。この具体的な事例をベースに、日米両国の貿易摩擦に関する、特に米国の議会、選挙民、行政、シンクタンク、学界とのかかわりの実態を解明している。思うに、こういう交渉は、相手国の経済、政治、行政、業界の実態とその相互の具体的なかかわり方を十分理解しなければならず、そのためにはそういう幅広い分野の知識が必要であるが、そういうことを幅広くカバーした本はほとんどない。当時のオレンジ・牛肉を中心とした農業交渉を扱ったこの本はその稀《まれ》な本の一つであり、日米貿易交渉に従事する者の必読の書であると思う。

この書は貿易摩擦を次のように定義している。

「貿易摩擦とは、本来経済問題である貿易取引が政治問題化したものである。また、政治問題は極めて認識の問題である。従って、一般的な政治的サブジェクトも、問題として認識しなければ貿易摩擦にはならない。いわば、恒常的ルーチンの政治的案件に過ぎない。一般に国民の認識は新聞やテレビ等のマス・メディアを通じて行われるので、極端にいえば、新聞やテレビ等に報じられなければ、摩擦現象の大部分はもともと認識されない、つまり存在しなかったか、または存在していても解消してしまうはずである」

驚くべき明快かつ分かりやすい主張である。カナダはトランプ前米大統領が提案してきた

NAFTA(北米自由貿易協定)の廃止を、自国の農業分野についてほとんど手をつけることなくUSMCA(米国・メキシコ・カナダ協定)に置き換えることに成功したが、その際の戦術はまさにこの本に述べるところであった。
残念ながらこの本が、大きく紹介され、議論されたとは聞いていない。もし「アメリカであれば」との思いは強い。

(2021年9月27日)

## 第二次大戦後の日米関係の評価

もしアメリカであれば、格別注目されているに違いない対米交渉に関する本がもう一冊ある。元外交官の孫崎享氏による『戦後史の正体（1945〜2012』である。その題名から、売り出し中の評論家によるセンセーション狙いの本ではないかとの誤解を与えかねないが、れっきとした専門家による、わが国にとっては深刻な問題を提起する本である。念のために述べておくと、私は、役所流に言えば同じ年に霞が関に入ったという意味で同期であるこの著者と、個人的な面識はない。同じ時期に東京大学法学部で学ばれたようであるが、大学時代に顔を合わせたこともない。

この本は、1966年にいわゆるキャリアの外交官として外務省に入省し、直後に英国の陸軍学校で学び、ソ連、イラク、イランなどに勤務し、外務省の国際情報局長を務めた人物による書である。その説くところは、わが国の戦後外交史は、アメリカの対日政策を抜きにしては語れない▽その対日政策は時々のアメリカの世界戦略の変化に伴って変わってきた▽その世界戦略の実現のためにアメリカは日本の重要な政策に深く関与してきた▽その関与は個々の政策についてのみならず、わが国の総理大臣の選定にも及んでいる——などである。

最後の点については、例えばアメリカがどの総理のどういう政策について不満であり、その排除のためにどういう手段を用い、それに成功したかにまで及んでいる。また、戦後の歴代総理を具体的に名前を挙げて、「対米追随派」「一部抵抗派」「自主派」に分類している。そして、そういう判断をするに至ったいわば証拠とした事象を具体的に示しているのである。

## ■「戦後史の正体」とは

わが国と多くの価値観を共有し、経済的に最も深い関係にあり、かつ、われわれが「同盟国」と呼んでいるアメリカについて、こういう経歴の人物が、このような主張をしていることは大変なことである。ところが、この本は専門家の間で十分議論されず放置されてきたような気がする。もし、これがあのアメリカであれば、この本は文字通り国を挙げての大論争を巻き起こしているに違いない。そして、そのような態度の差が、後で述べるように米国と日本との進歩の差をもたらしているのではないかと考えている。

私は、この本で示されている判断についてここで論評するつもりはない。ただ、今後の議論に資するため、この本がそういう主張の証拠として言及している日米国際金融交渉のうち、私自身がかかわったものについてのコメントを残しておきたい。

関税局長としてワイス米関税庁長官と交渉する筆者（左列奥から３人目、1996年3月）。数々の日米交渉でアメリカを深く知ることの重要性を痛感

## ■日米金融交渉の実態

第一に、１９８５年９月のプラザ合意について。その合意目的が米ドル安を目指したものであるとする認識は正しい。ただし、そのそもそもの狙いが、わが国の大幅な対米輸出を抑制するためであったというのは言いすぎである。米国のドルが安すぎる（円やドイツマルクが高すぎる）ということ及びその是正が必要なことは、85年頃には既に世界共通の認識であり、共和党政権の下のアメリカのみが「強いドルは強いアメリカの象徴である」として、その是正を拒否していた。プラザ合意は米国がその方針を変更したことに伴うものである。ただし、このことと、その後極端に円高が進んだこととは別問題であろう。後者については、わが国

のその後の対応にも問題があったと考えている。

第二に、ＢＩＳ規制（バーゼル合意）について。この本が説くように、その大きな目的がわが国の銀行の国際業務の異常な膨張の阻止にあったことは間違いない。88年6月、世界の銀行に対して求める共通した自己資本比率の内容について合意したＢＩＳ銀行規制監督委員会は、その目的を「国際銀行システムの健全性と安定性の強化に資するとともに、各国間の監督規制の相違に由来する競争上の不平等を除去する」（※傍点筆者）ためとしている。この内容がそのまま、88年7月の大臣などの会合で正式に決定された。

これは、わかりやすく言えば、このことによって当時急拡大を示していた邦銀の業務を押さえようということである。ただし、その旗を強く振ったのは本書に言うようなアメリカではなく、むしろイギリスであった。何よりも当時の邦銀の活況を世界に知らしめたのは87年11月に出た「イングランド銀行四季報」によるわが国銀行の国際活動についての詳細な報告である。

また、いわゆるＢＩＳ規制は、日本（大蔵省銀行局の千野忠男審議官）、英国（イングランド銀行のクイン理事）、米国（ＦＲＢのテーラー局長、ニューヨーク連銀のコリガン総裁）の下で交渉され、この3国で合意した案をベースにしたものであるが、この3国間交渉の過程で最も厳しかったのは英国であった。背景としては、当時邦銀の国際金融業務は異常な拡大を見せていたが、その中核はいわゆるシンジケートローンの供与であった。時として逆ザヤでもこの業務を拡大しようとするこの邦銀の膨張（「ハラキリ・ローン」という言葉すらあった）は、金利差で稼ぐことを業とした英銀にとっては脅威であったが、シンジケートローンの組成に伴うフィービジネスで稼ぐ米銀にとっては、むしろ好都合の面もあったからである。

第三に、89年から90年にかけての日米構造協議について。私は当時、大蔵省の調査企画課長としてとりまとめの立場にあり、その報告書の日本側の総論部分（「貯蓄・投資パターン」の「I．基本認識」）は私が書いたものである。本件について、この本の記述は正確である。事実、米国のわが国への介入は、この本に書かれている以上のものがあった。

第四に「日米包括協議」について。このいわば日米間で不満のあることは、何でも協議する場を作ろう（それがここにいう「包括的」という意味である）という合意は、93年の東京サミットの際に、宮澤喜一総理とクリントン大統領との間で交わされた。私はその一部である「日米金融サービス協議」の日本側の責任者として95年初にこの交渉を決着させたが、この本に書かれている記述はほぼ正確であると考えている。

なお、私が著者であれば、以上に加えて、米国が円高とわが国の金融市場の自由化を求めた、84年6月に決着をみた「日米円・ドル委員会」をつけ加えたであろう。

（2021年10月18日）

## 生産的な論争

同じように市場経済をベースとし、競争社会を標榜《ひょうぼう》しながら、なぜアメリカが、わが国やヨーロッパ諸国に抜きんでた強力な国になったのであろうか。その第一の要因は、既に述べたように、さまざまなテーマについて、世間の常識にとらわれず、ただその正解を求めようとする真摯で貪欲な態度であろうと思う。「これは面白い」とか「価値がありそうだ」という主張であれば、それが無名の人のものであっても、世間で広い支援を得ていないものであっても採り上げられ、広く議論されるということである。考えてみれば、こういう態度が進歩をもたらすのは当然のことである。なぜなら、そもそも世の中を切り開くようなものを含め、新しい考えが既に世間に広く共有されているはずがないからである。

### ■異論は進歩を生む

第二の要因は、アメリカ社会における論争についての積極的な評価であろう。意見を異にする人を排除せず、逆にそういう人と積極的に議論をして、より高いところに到達しようとする態度である。異論をぶつけ合うことによって、あるテーマに関する議論はより本質的で、高い水準に達することになる。意見を戦わせる当事者にとっても、自らの足りない点や誤った点に気付き、自説を更に精緻化することができる。そういうことであれば、意見を異にする人とは、相いれない「敵と味方」の関係であるわけではなく、進歩をするための大切なパートナーということになる。

私事であるが、私は二つの、年1回開かれる海外の関係者との私的な意見交換会に参加している。一つは、アメリカのある大学と共催で開かれている、世界の経済・金融問題についての会議であり、日本とアメリカで交互に行われる。日本で開かれる際には必ず出席し、アメリカで開かれるものについては参加しないが、去年と今年はいずれもウェブで開かれ、連続して参加することができた。

もう一つは、わが国とヨーロッパの関係者が主催するもので、これは世界の政治・経済を幅広くカバーするが重点は日本についてである。いずれの会議も、参加者は誰もがディスカッションの情報を自由に使用できるが、それぞれのコメントをした人が誰かを明らかにすることはできないという、いわゆる「チャタム・ハウス・ルール」で運営され、お互いに思ったことを率直に言い合うことになっている。私にとっては新聞、テレビで報じられない事柄を知ったり、疑問に思っていることについて質問したりして、世界で進展している事柄についての微妙なニュアンスを探る貴重な場となっている。

この二つの会議には、多くの米国の関係者が参加する。一般化するのは危険ではあると知りつつも紹介すれば、彼らの会議での発言には二つの特色がある。

## ■「牛の涎」とディベート

第一は、発言が長いことであり、多くの場合、よく整理されていないということである。思いついたことを次から次に話す傾向がある。話が「牛の涎《よだれ》」のようにダラダラと続くのである。こういう人が多そうな局面では早めに意見を表明しておかないと自分の発言の時間がなくなってしまう。第二は、自分と意見を異にする人への態度である。異なった意見が出されると、その考えについて「なぜか」と問い返し、自分の意見との違いの理由がどこにあるのかを探る。そしてその両者の理由のうちどちらが正しいのかということを一緒に求めていこうとするということである。

ひるがえってわが国の参加者をみると、際立った現象が時々みられる。例えば、わが国の金融政策について、その現状をどう見るか、今後どう進めるべきかについて、意見を異にする日本の参加者同士が、それぞれの自説を繰り返し述べ、何とか相手を打ち負かそうとする現象である。あらかじめ自分の立場が決められていて、どちらが正しいかを競う英語の「ディベート」の様相を呈してくるのである。その多くが、われわれが既に知っている考えであり、この両者がそういう見解であることを、その理由とともに既に十分承知しているのに、である。恐らくアメリカの参加者は、この生産性の低い日本人同士の議論を、われわれが彼らの「牛の涎」に感じるときと同じように「時間の無駄だなア」と思いながら聞いているに違いない。

## ■反対意見を評価する

独断と偏見で述べれば、アメリカ人は自らを表すのに正直である。反対であるとの意見を表明されて、その人物に対して、″I appreciate your comments″（あなたのコメントに感謝する）とよく言う。日本では、このような場合よく「貴重なご意見として承っておきたい」と言いつつ放置することがあるし、ヨーロッパの人も相手の顔を立てるだけのためにそういう表現をすることが少なくない。しかし、アメリカ人がそう言う場合には、本当にその異論を述べた人に対して感謝し、その反対のコメントを評価しているように思う。

それはなぜか。つまるところ、異なる意見を聞くこと、また論争をすることが生産的だという認識があるからであろうと思う。

このような日米の差は、広く色々な分野で見られる。政治や行政の場でもそうである。例えば、わが国の国会では、結論を異にする関係者が、何度も何度も同じ様な議論を展開することが多く、異なる考え方を持つ相手方に、その理由を追求して優劣を競うという傾向が希薄である。また近年、わが国の為政者には自らの希望する結論とは異なる部下の進言には耳を傾けず、むしろそういう人物を排除する動きが見られるとされている。この態度の差が、アメリカとわが国との間のさまざまな分野での優劣の差をもたらすのは当然であろう。

かくして、近年のわが国経済の長期にわたる停滞や、コロナ禍で明らかになった「デジタル化」など経済の基本的な構造の予想外の遅れの遠因が、わが国における異端の排除、結論を異にする者を相手にしないという狭隘《きょうあい》な態度にあるのではないかと考えるに至っている。

（2021年12月6日）

## 明快、厳密な経済政策の背景

世界経済は各国政府のコロナ禍に対する画期的な財政・金融政策に支えられ、回復の過程にある。これに伴い、世界はコロナ対策として導入した異例の経済措置を順次縮小し、金融政策の「正常化」への歩みを進めている。

アメリカでは2021年12月21日、中央銀行であるFRB（連邦準備制度理事会）が、このところの物価上昇をエネルギー価格などの上昇による一時的なものではなく本格的なものだと判断することを明確にし、金融の「正常化」を進めることを表明した。やや技術的になるが、コロナ対応の景気対策として導入したFRBによる国債などの定期的な購入の額をさらに減らすこととしたのである。その結果、この異例の政策はこの3月で終了することになった。これに伴い、現在0％（厳密には0～0・25％）という低い水準にある政策金利の引き上げも早晩開始されることが確実となった。市場は、今後数次の引き上げにより2024年末には2％になるであろうと予測するに至った。

欧州ではユーロ圏の中央銀行であるECB（欧州中央銀行）も、コロナに対応して追加的に導入した債券の購入措置について、この3月に終了することとしており、市場はこれもその政策金利の引き上げの時期を探っている。イギリス、ノルウェーなどは既に金利の引き上げに転じている。主要国の中で当面超緩和政策の変更がなさそうなのは日本だけである。

このような世界の金融政策の動向、特にアメリカの金利の引き上げは、国際金融市場の不安定化要因である。歴史的にみても、その金利上昇過程は国際金融市場を揺るがせてきたし、時によっては深刻ないわゆる途上国の債務累積問題を引き起こしている。いずれにしても、2022年の国際金融市場は要注意であると考えている。

## ■明快なFRBの発表文

本稿の目的は二つある。一つは今年の国際金融の方向を予測するためであり、もう一つは、このFRBの発表文を紹介するためである。実は、この文章はアメリカの政策がいかに厳密に策定され、いかにわかりやすく国民に示されているかを知る一例であると考えるからである。

この12月のFRBの発表文の関連部分の要旨は次の通りである。「○」「(2)」などは、筆者が便宜上振った符号であり、カッコの中は筆者のコメントである。

○FRBは、あらゆる手段を講じ最大限の雇用と物価安定を促進する。(冒頭にこの記述があるのは「最大限の雇用」と「物価の安定」が法律によってFRBに与えられた役割だからで

ある）
○経済の行方は、引き続きワクチン接種を含むコロナウイルスの感染状況に左右される。（今後のアメリカ経済は何よりもコロナの動向とその対処策にかかっているというＦＲＢの判断を示している）
○ＦＲＢは、（現在の経済状況の下で）雇用の安定と長期的な２％のインフレ率の達成を目指す。（二つの政策目標のうち「物価の安定」の現時点での目標は２％であると言っている）
○インフレ率は一定期間２％を上回ってきているが、現在の０％の政策金利は維持する。（現在インフレ率はその目標値を上回っているが、現時点でこれを抑えるために政策金利を引き上げることはしないという姿勢を明らかにしている）
○インフレ動向と労働市場の一段の改善を考慮し、ＦＲＢが実施中の国債などの毎月の購入額をさらに減額し、今後もさらに減額する。（とはいえコロナ対策として補完的に導入した債券購入のペースをさらに落とすこととし、金融による景気下支えを弱くすると言っているのである）
○金融政策については、経済見通しに関する情報を注視し、目標達成のリスクが発生すれば、それを調整する。（一応、以上の方針だが、経済情勢が変わればこれを改めるのでそのつもりで、という趣旨である）

○（現時点では）金融政策の判断にあたっては、⑴公衆衛生⑵労働市場⑶インフレ圧力及びインフレ期待⑷金融市場⑸国際情勢などを考慮する。

極めてわかりやすく、かつ明快な説明である。国民はこの発表文を読むことによって、中央銀行が何を根拠に現在の金融政策を採っているか、又将来どうするつもりなのか、その理由は何か、そしてそれら判断のベースとなっているアメリカ経済の現況や将来をどうとらえているのか、を明白に知ることができる。

わが国との差は歴然であろう。関心のある向きは、この発表文と、わが国の中央銀行である日本銀行がその4日前に発表した「当面の金融政策の運営について」とを読み比べてもらいたい。残念ながら、その発表文から前者のような明快、かつ論理的なメッセージを得ることは困難である。

金融政策についてのFRBの政策の厳密さは以上の通りであるが、実はこれも、アメリカ経済全体の厳密なマクロ経済政策の一環である。種々の情報を総合勘案してみると、アメリカでその経済政策に関わる権威ある人々の間では、同国の経済政策の対象であるアメリカ経済の基本的な骨格について、共通の認識があると言ってよさそうである。すなわち、アメリカの「あるべき」、あるいは「自然体」としての経済構造に関しておおむね次のような共通の認識があるといえよう。

アメリカの国全体の潜在成長率は（これはコロナ後変わる可能性があるが）3％程度、望ましい物価上昇率は2％、長期的にありうべき政策金利は2・5％程度というものである。そして、関係者はこういうフレームワークを前提としてその時々の情勢に応じた具体的な財政、金融政策の措置を議論し、組み立てているのである。

当然のことながら、これはその結果として採用される政策が常に正しいということを保証するものではない。ただ、こういうプロセスを経た結果の政策が、そうでない国の政策よりも優れたものになるだろうということは明らかではなかろうか。

## ■能力に応じた「格付け社会」

なぜ、日米でこのような差が生じたのであろうか。私は、その大きな原因は、これまで、るる述べてきた「競争社会としてのアメリカ」の特性にあるのではないかと考えている。アメリカにはこれまで述べたように、「世間の常識にとらわれず、ただその正解を求めようとする真摯で貪欲な態度」及び「論争についての積極的な評価」がある。それに加えて、「そうして得た貴重な結論についての社会全体としての評価とその活用」という特色があるように思う。激しい論争をして得られた結論を大切にし、それを具体的な政策に活用するという社会的仕組みの存在である。その仕組みの前提となるのが「格付け社会」である。すなわち、自由、平等などを唱えるこの国が、実はそれぞれの専門領域において、個人間の社会的格付けができあがっており、高いレベルの人物を活用することによって上質な経済政策が確保されるという能力に応じた「格付け社会」ではないかと思うのである。

（２０２２年１月24日）

# 未来への布石　対談

中尾　武彦氏

みずほリサーチ＆テクノロジーズ　理事長

【なかお・たけひこ】みずほリサーチ＆テクノロジーズ株式会社　理事長　１９５６年生まれ、兵庫県出身。東京大学経済学部卒業、１９７８年大蔵省（現財務省）入省。カリフォルニア大学（バークレー）経営学修士、国際通貨基金（ＩＭＦ）出向、国際局国際機構課長、主計局主計官（外務・経産、経協）、在米国大使館公使、国際局長などを経て、２０１１年財務官。13年４月アジア開発銀行（ＡＤＢ）総裁。20年４月みずほ総合研究所理事長、21年４月から現職

※肩書は新聞掲載当時　現・住友商事顧問、国際経済戦略センター理事長

## アメリカを知ることの大切さ

### ――ウクライナ危機を踏まえて――

黒船来航以来、日本とアメリカ合衆国は時に敵対し、時に手を携え、太平洋を挟んで関係を築いてきた。日本が主権を回復した1952年のサンフランシスコ平和条約発効から70年を迎え、両国の関係は新たな段階に入ろうとしている。近くて遠い国とも呼ばれるアメリカと対峙するには、どのような哲学や知識が必要とされるのか。みずほリサーチ&テクノロジーズ理事長の中尾武彦氏と対談した。

■「競争」社会の光と影

**久保田勇夫**　日米両国は経済的に関係が深く、安全保障の面でも同盟関係にあります。相手を知らなければ、良好な関係は築けません。そういう深い関係にあるからこそ、われわれはアメリカがどういう国であるかを、しっかり知っておく必要があると思います。

**中尾武彦**　最近、中国の台頭に合わせて、アメリカの国力が衰えているという意見がありますます。しかし、現在もアメリカは世界一の経済力を持ち、軍事的にも圧倒的な優位性を維持し

中尾 武彦氏

ています。人口は増え続け、一人当たりの所得も増えている。世界のGDPに占めるアメリカのウェートはここ40年ぐらい4分の1ぐらいで下がっていません。

**久保田**　おっしゃる通り、いまなおアメリカが、世界の潮流に圧倒的な影響を及ぼしています。軍事もそうですし、気候変動対策、グローバル企業への国際課税、国際金融などすべての分野で、アメリカが動けば世界が動く。影響力は大きいのです。

そんなアメリカの強さの源泉の一つに、「競争」があると考えています。激しい競争を通じて、反対意見やライバルの考えも取り入れ、より高いレベルにたどり着く。アメリカ国籍を持ちノーベル物理学賞を受賞した眞鍋淑郎氏が、最近の月刊誌で同様のことを書かれていました。さらにアメリカには、競争を勝ち抜いた成功者をたたえ、あこがれる土壌があるようです。私は「格付け社会」とも呼んでいますが、成功者を優遇するのは当然だという考えがあります。

**中尾**　確かにアメリカは競争的な社会であり、また、多くのアイデアをスタンダードにしていく力があります。挑戦とイノベーションをはぐくみ、プロモートする力が非常に強い。これに対して日本は結果の公平を求める声が強い。それは社会の安定と人々の平穏をもたらす半面、突破力、イノベーションを弱める結果となっています。日本はもう少し、資本主義の基盤である競争を大事にして良いと思います。

ただ、激しい競争がアメリカに救いようのない貧富の差と社会の分断を招いている。経済学者のブランコ・ミラノヴィッチ氏らは、能力主義と言いながら教育機会の格差が社会階層の固定化につながっていると指摘しています。

## ■アメリカの歴史と現状

**久保田**　それは歴史の必然かもしれません。もともと欧州からアメリカに来た移民は、故郷の統治者に不満や不信感を持つ人々でした。彼らは統治者（連邦政府）の権限をできるだけ制限し、「自由に金儲けをさせてくれ」という政治体制を求めたといえます。言い換えれば、アメリカの政治システムには貧富の差を認める理念が貫かれており、格差縮小は相当の意図的な努力がないと難しいのでしょう。

そしてアメリカは「理念」や「哲学」の力が強い面があります。

**中尾**　アメリカはある意味で非常に宗教的であり、原理主義的です。「民主主義」や「人権」

といったリベラルな価値観を大切にする姿勢もいわば宗教化しています。同時に南西部を中心に素朴な伝統的、保守的要素や、自身が信じるもののためなら犠牲をいとわない、というガッツもあります。戦後、アメリカがリベラルな国際秩序を構築し、守る役割を果たしてきた背景には、こうしたリベラリズムと保守的な価値観の両方があったと思います。

**久保田**　国際社会におけるアメリカの役割は重要ですが、アメリカに一方的にリードされるのも怖いと感じています。先ほど述べた通り、アメリカは「国家はどうあるべきか」という考え方をあまりしない。そのような国が、国家の集まりである国際社会で安定的な図を描くのは難しい点もあるのではないでしょうか。

だからこそ、世界全体のためには、そうではない日本や欧州が大切になると感じます。

**中尾**　日本、欧州が大切だと感じるのは同じ意見ですが、アメリカについての私の考え方は少し違います。独立に際して、建国の父と呼ばれる人々は、三権分立や共和制というデザインを描き、人工的に国家を造った。人工的にできた国だからこそ、「国家」への意識は強いのではないでしょうか。

**久保田**　確かにそういう側面はあると思います。日本とアメリカを比べると、その成り立ちや制度を貫く理念などに大きな違いがあります。にもかかわらず、最近の日本は、その違いを咀嚼《そしゃく》することなく、アメリカの制度・政策をそのまま取り入れる傾向が強いように思います。

**中尾**　同感です。日本には日本のやり方と良さがあります。しかしバブル崩壊後、自信を失ってしまった日本は、アメリカの企業統治の制度などを無批判に取り入れてしまった。それが国力を弱らせてしまった面もあるでしょう。

一方でアメリカも問題を抱えています。

その最たるものが先に述べた社会の分断です。アメリカの外交もこの国内の分断の影響を受けます。その結果、日本や欧州が期待するような役割を、アメリカが国際社会の場で果たせなくなってしまう――。そう危惧しています。

**久保田**　気候変動対策やＴＰＰ（環太平洋戦略的経済連携協定）でもそうでしたが、日本だけでなく世界中がアメリカの内政に起因する政策の急激な変更に振り回される場面が、少なくありません。

我々は「アメリカはそういう国だ」という前提に立ち、この国との付き合い方を考えなければなりません。

国と国との関係は本来、それぞれの国益に基づいたドライな関係です。アメリカが日本に手を差し伸べる際には、アメリカ側にも国益があります。彼らの主張の裏に、どんな思惑があるかを知らずに、外交担当者や政治家が反応すれば怖いことになります。

**中尾**　交渉の場で、アメリカ側はかなり高い球を投げてくることがあります。これは無知に基づく場合もあれば、交渉術の場合もある。日本側としては、そのまま受け入れるか拒否するかではなく、必要な反論をし、説得をし、合意の道を探らなければなりません。

**久保田**　日米交渉を通じて分かったのは、そうした反論に対してアメリカは、そうとわかればあっさりと受け入れることがあるということです。日本が国益を実現するには、アメリカとの交渉の術をよく知っている実務者、つまり官僚をうまく活用してもらいたいものです。

**中尾**　私は、日本が国際社会の中でどのような役割を果たし、そしてアメリカ、中国とどういう関係を築いていくのかなど、哲学というか信念をはっきり持つこと、それを世界に示していくことも重要だと考えます。

## ■ウクライナ問題の影響は長期に

**久保田**　ロシアのウクライナ侵攻ですが、日本はもう少し危機感を持つべきだと思います。ガソリンが上がるといった短期的な話にとどまらず、世界は大変な局面を迎えるでしょう。世界の経済成長率は落ち込み、エネルギーなど物価は上がります。さらに世界中に張り巡らされていたサプライチェーンが切れる。この影響は、今後、時が経つにつれて実感されるでしょう。

**中尾**　サプライチェーンの問題は重要ですね。世界の最も安いところでモノを作り、世界中に流通させるという、グローバル経済の効率的な仕組みに相当程度修正が迫られている。そうなれば生活や経済の水準を下げざるを得ない。それを受け入れる覚悟も必要です。

今回のウクライナ問題では、欧米は結局抑止の役割を果たせなかった。ロシアの国力も弱るでしょうが、国際政治上の大きな論点が残されています。

**久保田**　それでも、戦争を通じて欧州の一体感は強まるでしょう。そして、アメリカの世界経済や政治の場での発言力が、相対的に高まると予想しています。というのも、今回のウクライナ問題を契機に、中国の影響力は落ちると思っているからです。

近年の中国の繁栄が、かなりアメリカに依存してきたものだということに改めて気付いています。中国は欧米で稼ぎ、技術を吸収した。一方、欧米も中国で稼ぎました。さらに、中国に純粋にオリジナルと言える先端技術が多くあるかと言えば、そうではないように思います。「アメリカとロシアのどちらを取る」と突き付けられたとき、経済のことを考えれば、中国はアメリカを選ばざるを得ない。

国際社会における中国の相対的地位は、イメージより低いのではないか。そして中国自身も、そのことに気付き始めたのではないかと私は考えます。

**中尾**　確かに中国が西側諸国との貿易、投資、金融、そして技術の関係を断ち切って成功することは難しいでしょう。ウクライナ問題で苦境に陥ったロシアが、中国にしがみつこうとすれば、しがみつかれた中国の方が困った事態に陥ってしまうはずです。

第二次世界大戦後の世界は、交易や交流を通じて発展してきました。ウクライナの戦争の帰結は不明ですが、長期的には民主主義や自由貿易といったリベラル国際秩序が重要なことに変わりはありません。その秩序を支えてきたアメリカが孤立主義に陥って自国に閉じこもることがないように、日本や欧州はその重要性を言い続け、また自らも役割を果たす必要があります。

**久保田**　日本は、国際舞台でもっと積極的に発言すべきです。日本は例えば中国も含めて途上国の支援に大変な努力をするなど、国際社会に大きな貢献をしてきました。日本は1991年から10年間、世界一のODA（政府開発援助）供与国だったんです。日本には多くの経験と知恵がある。自信をもって、国際政治のイニシアティブをとっていくべきです。それが日本の国益はもちろん、国際社会のためになります。

そして国際社会の動向を、テレビでドラマを見るような態度で接するのではなく、国民の生活に深く関わるものだという認識を持って、それらを活用すべきだと考えます。

（2022年5月30日）

# 第6章　日米交渉とポール・ボルカー

「東京サミット」で記念写真を撮り終えた中曽根康弘首相ら各国首脳。筆者は担当の大蔵省国際機構課長として、経済指標を用いた主要国の政策協調、イタリアのG7加盟に関与した（1986年5月、東京都港区）

# インフレファイターの光と影

大蔵省時代、国際部門で長く仕事をしたが、この間、外国の著名人との遭遇があった。相当昔のことであり、最近その人たちの死亡記事が目につくようになった。そこでは故人の業績や評価が紹介されている。その道に詳しいジャーナリストの手によるものが多く、世間受けする無難な内容となっていることが多い。ところが、現実にその人を相手に交渉したり、その人とともに仕事をした者には、それなりの感想や感慨がある。そういう者の一人として、私がこの人達に関して感じることを書き残しておくのもそれなりの意義があろうと考えている。

その一人が2019年12月に92歳で死去した米国のポール・ボルカーである。

米国の中央銀行である連邦準備制度理事会(FRB)議長や、国際経済担当の財務次官など多くの公的職務に就き、わが国でも「嫌われる勇気貫いた公僕」「反発覚悟でインフレ対策」などの見出しでその事績が紹介されている。

私がこのポール・ボルカーと最初に遭遇したのは、このインフレ退治の時であった。

## ■厳格なマネー・サプライの抑制

ボルカーは1979年8月にFRB議長に就任した。米国は当時、経済的には二桁のインフレと失業率が続いていて、いわゆるスタグフレーションの時期にあり、物価上昇をいかに抑えるかが最大の政策課題であった。金融政策の任にあるFRBは、この物価上昇を金利の引き上げによって抑えるという政策を採っていた。

ボルカー議長も当初は、金利の引き上げで臨んだが、なかなか効果がないということから、通貨の供給を抑えるという政策に切り替えた。いわゆるマネー・サプライのコントロールで対処しようというのである。具体的には、どんなことがあろうと、例えばその結果、金利がどうなろうと、米国経済における通貨の供給量を抑制することにしたのである。講学的に言えば、この両政策は全く別の流れの経済理論に立つものであり、両手段を平気で切り替えることは常人にはできないことであった。

現実にはこの何がどう変わろうとマネー・サプライを厳しくコントロールした結果、米国は物価抑制に成功した。他方でドルの金利は著しく乱高下し、かつ極めて高い水準となった。米国の短期金利は一日のうちに10%も上下した日があったし、二度にわたってその水準は20%を超えた。金融の専門家であれば、これが金融市場にどれだけの混乱を招くか容易に想像できるであろう。

## ■第二次オイルショック

このような基軸通貨であるドルの金利の上昇と乱高下は、当然のことながら国際金融市場に異常な混乱をもたらした。特に外国為替市場は混乱し、円や西ドイツ・マルク（当時）といったドル以外の主要通貨は時の経過とともに下落し、とどまるところを知らない状況になった。

この時期はイラン革命に端を発する原油価格の上昇期であり、後日「第二次オイルショック」と名付けられた経済・金融の混乱期であった。一バレルあたり3ドルであった原油価格は最終的には10ドルへと3倍以上に値上がりした。最も深刻な影響を受けたのは円であった。何故なら、わが国は産業のコメといわれた原油を１００％輸入に頼っていたからである。もともとはイランのパーレビ国王が追放されるという「イラン革命」を発端とするものであったが、後のイラン学生による米国大使館の占領、それに対する報復措置としての米国によるイラン資産の凍結、それに対抗するイランによる米国資産の凍結、等々の展開があった。その時期における、米国による米国の物価の抑制という国内政策目的を達成するための異常な金融政策であった。

## ■円安・円の乱高下を加速

私はこの１９７９年6月の人事異動で、当時の大蔵省国際金融局短期資金課の為替担当の課長補佐となっていた。そして、急激に進む円の下落をどう防止するかという「円対策」の実務の中心にいたのである。われわれは円の乱高下と際限ない下落をどう防ぐか、第一次、第二次の「円対策」を含め文字通り試行錯誤しつつ、苦労して各種の措置を実施していったのである。

具体的には、外貨準備を積み増す為に期限の到来していた産油国からのドルの長期借入金を継続する交渉といったものから、銀行の為替持高の操作という地味なもの、法律上では自由化されていた円建て・ドル建てのシンジケート・ローンの行政指導による見直し(停止)といった乱暴な措置、更にはそれに伴い日に日に減少する外貨準備を心配しながら大量のドル売り円買いの為替市場への介入、公定歩合の引き上げといったものまでさまざまであった。

わが国だけではなかった。円と同様にターゲットとされたマルクを持つ西ドイツも公定歩合の引き上げ、資本流入策の実施など、自国通貨の防衛策の実施を余儀なくされた。

そういう中での金利を無視した米国の金融政策であった。その政策は異常な円安や西ドイツ・マルク安を加速させ、自国通貨の安定に向けたわれわれの努力を削ぐ効果をもたらすこととなった。

確かにボルカーは米国にとっては、米国のインフレ対策に成功した功労者であった。その限りで世界経済の安定への貢献者ということはできよう。しかしながら、米国以外の国にとっては、いわゆる第二次オイルショックが進行しつつある時期に世界の金融・為替市場の混乱を助長した人物であることも事実である。

インフレファイターとしての称賛の評価とともに、その世界経済に対する影の一面も記憶されてしかるべきであろう。

（2020年4月20日）

## 「ワシントンG5」での遭遇

2019年12月に92歳で死去した元米連邦準備制度理事会（FRB）議長のポール・ボルカーと私が最初に遭遇したのは1979年であった。当時進行していた第二次オイルショックの下、大蔵省の担当者として、わが国が円安対策に苦慮していたときである。それは当人の政策との遭遇であった。ところが約7年後、私はこのポール・ボルカー本人と直接遭遇することになった。

それは1986年9月26日のワシントンにおけるG5（5カ国蔵相・中央銀行総裁会議）のときである。彼は引き続きFRB議長の職にあり、この会合に米国の中央銀行総裁として出席したのである。わが国代表は、宮澤喜一大蔵大臣、澄田智日銀総裁、行天豊雄財務官であった。これは宮澤大臣及び行天財務官にとっては初めてのG5であった。

何故ならこの夏、組閣があり、新しい第三次中曽根康弘内閣で、蔵相は竹下登大臣から宮澤大臣に代わり、大蔵省の定期人事異動で大場智満財務官が行天財務官に代わっていたからである。私も異動で国際機構課長から副財務官となっており、このG5に出席した。本来、大臣、総裁、それに実務の最高責任者の3人のこの会合に私が顔を出したのは、この会合には日本、及び時としてフランスについても、「通訳」が出席してよいという慣例になっていたからである。尤《もっと》も、英語に不自由のない宮澤大臣には英語の通訳は不要であり、私の役目は専ら澄田総裁の通訳を務めることであった。

私は初めてのG5に緊張したが、「これは大変なことになった」ということでもなかった。というのも取り扱われる多くのテーマは私にとって目新しいものではなく、参加者の多くについても文字通り顔を知っていた。それは私の直前のポストが、国際金融局の国際機構課長であり、そのため1986年5月に7年ぶりに日本が主催国となった「東京サミット」の大蔵省の担当課長でもあったからである。

## ■ボルカーの通訳に苦労

主要国で、主として世界の経済政策を中心に議論するいわゆる「経済サミット」は、世界の主要7カ国及びEUがメンバーである。当時、サミットの経済に関する部分の原案はG5にイタリア及びカナダを加えた7カ国の大蔵省の国際部門トップ(いわゆる「フィナンシャル・シェルパ」である)により検討されることとなっており、原案の取りまとめの議長は、主催国である日本の大場財務官であった。東京サミットの担当課長である私の役割の一つは、この

7カ国の大蔵省のトップによる原案作成議論の際にその事務局を務めることであった。この人たちが「この文章はここがおかしい」とか、「この項目は採り上げるべきである」とか、「その政策には反対だ」などと言う彼らの議論をフォローしてその草案を整理していくことであった。彼らは議論の筋道が分からなくなると、私の方を振り返って「オイ、文章は今どうなっている?」と聞き、これに答えるのが私の仕事であった。ということで、私は当時の主要国の経済政策のスタンスを大体知っていたのである。

そして、この東京サミットのフィナンシャル・シェルパの多くがワシントンG5の大臣や総裁の補助者だった。ティトマイヤー(独)、リトラー(英)、ルベック(仏)がそうである。米国についてはサミットでフィナンシャル・シェルパのメンバーであったマルフォード次官補ではなく、ダーマン副長官が出席した。

大臣諸公についても同様であった。東京サミットの大蔵大臣会合は竹下大蔵大臣が議長を務められたが、私はその通訳兼補助者であった。従って、このワシントンG5に出席していたベーカー(米)、シュトルテンベルグ(独)、ローソン(英)、バラデュール(仏)の各大臣の顔程度は知っていたのである。

問題はFRBのボルカー議長であった。彼とは初対面であった。背が高い彼の発言は、天井の方から聞こえてくる。その声はウォンウォンと響いて聞きとりにくい。しかも、発言内容はあまり論理的ではなく、いわゆるトートロジー（同語反復）が多い。本来、経済学的に説明されるべき内容がそうではない。通訳とは単に英語をそのまま日本語に置き換えることではなく、その内容を伝えることであると考えていた私にとって、これは大問題であり、その通訳には大変苦労した。ただ、その後、当人の発言や書いた文章を読み、そもそもそれがこの人の持ち味であることを知り少し安心した。

■宮澤大臣を呼び出す

ボルカーについては、もう一つ些細《ささい》な「事件」を紹介しておきたい。これも先のワシントンにおけるG5の際のことである。彼が米財務省の廊下ですれ違った私に「宮澤大臣に自分の部屋に来るように伝えてほしい」と言うのである。その旨を日本代表団の部屋にいた関係者に伝えたところ、温厚な澄田総裁が珍しく色を成してお怒りになった。

「ボルカーは中央銀行総裁であり大臣ではない。彼が日銀総裁である私に来いというのならわかるが、大臣に来いというのは失礼である。用があるなら自分から出向くべきではないか」と。そして「大臣、お出になる必要はありませんよ」と進言されたのである。

澄田総裁は大蔵省の１９４０（昭和15）年入省組であり、41年後期入省組の宮澤大臣とは先輩・後輩の仲である。おふたりは親しかったはずだが、先輩の澄田総裁は宮澤大臣には敬語を使っておられた。だが、宮澤大臣は「いやー、アメリカ人というのはそういうものですヨ」という風に軽く受け流してボルカーの部屋に向かわれた。

もし相手が英国やドイツの蔵相だったら、自分の部屋へ来いなどと言っただろうかとは、私が後で考えたことであった。

（2020年6月8日）

## 「ルーブル合意」とは何だったか――

元米連邦準備制度理事会（FRB）議長のポール・ボルカーの話を続けたい。

恐らく、わが国でこの個性の強い、稀代の経済政策の専門家であるボルカーを最も良く評しうるのは、元財務官の行天豊雄氏であろう。2人は米プリンストン大学の先輩、後輩の関係にあり、ほぼ同じ時期に日、米の国際金融政策に深く係わり、引退後は母校であるプリンストン大で共同講義をしたという間柄である。その一連の講義の内容は後日、2人の共著『Changing Fortunes』（1992年）及び、その日本語訳である『円とドルの歴史―富の興亡』（東洋経済新報社）として出版されている。この本は主要国のいわゆる経済政策協調が進んだ時代の世界の国際金融政策の形成過程を知る為の貴重な資料となっている。

その行天氏は、著書『円の興亡―〈通貨マフィア〉の独白』（2013年、朝日新聞出版）で、ボルカー氏について次のように述べている。

「ボルカー氏のような人物は、世界的に言っても珍しい。本当の意味での公僕精神、パブリック・サーバントという精神の持ち主だと思う。愛国者であり、私利私欲ということは余り考えない人で、私は敬意を表している」
「彼は背が大きいし、声もドスがきいて、オフィスへ行くとテーブルに足を乗せ、葉巻をプカプカ吸って傲岸不遜を絵に描いたような態度だった。日本人のなかにもあまり彼を好きだという人はいなかった…」

私としては、そこに言う「パブリック・サーバント」というのは「アメリカのパブリック・サーバント」であって、「世界のパブリック・サーバント」ではなかったという注解を付け加えたいところである。

縷々《るる》述べたように、私は「行天・ボルカー」時代の国際金融政策の多くについて、より低いレベルではあったが関与した。その理由の一つは、私が3年間の行天財務官時代のうち、2年間はその直属の部下である副財務官であったからである。

実は、私はそれまでの経歴もあり、国際金融政策に関しては、テーマによっては、ボルカー自身よりは深く、直接的に関わった。そういう立場から彼の主張について若干のコメントを書き残しておきたい。それは何よりもボルカーがいわゆる「大物」であり、彼の説くところの全てが歴史的事実として世間に受け入れられる可能性があるからである。

## ■ドル・円レートをめぐるせめぎ合い

その一つが1987年2月の「ルーブル合意」をどう見るかについてである。この時代の円・ドルのレートを中心とした主要国の国際金融政策のせめぎ合いは今から見ると極めてダイナミックなものであった。ボルカーFRB議長の1979年のインフレ対策の結果として、米国においては高金利基調が続き、長期にわたるドル高の一因となった。

それが同国の財政赤字の拡大とともにアメリカの貿易収支の大幅な悪化を招きつつあることは明らかであったが、時の共和党政権は「強いドルは強いアメリカの象徴である」として長い間これを放置した。だが、ついにはそうも言っておられなくなり、ドル安政策を受け入れることになった。

これが1985年9月の「プラザ合意」である。この合意は予想以上の効果をもたらした。ドルは「プラザ合意」直前は238円であったが、年末には200円に、そして翌1986年夏には150円台にまで下落した。その裏腹である円高の急速な進展に危機感を抱いた宮澤喜一大蔵大臣は、米国のベーカー財務長官と直接交渉し、1986年10月に、円とドルとの間の為替レートの調整はこの程度のものにしようと合意したのである（私はこの草案の作成を手伝った）。これがいわゆる「宮澤・ベーカー共同宣言」である。そして、これを他の主要国にも広げることに合意し、それが実現したのが、1987年2月の「ルーブル合意」であった。

「ルーブル合意」といわれる声明は、関係国のそれを目指した経済政策を具体的に述べるとともに「各国通貨は基礎的な経済諸条件に概ね合致した範囲内にある」点に合意し、「為替レートを当面の水準の周辺に安定させる」ために「緊密に協力する」こととしたのである。

## ■「ターゲット・ゾーン」ではない

ボルカーはこの合意を円、ドル、マルクなど為替相場を一定の枠内に抑え込もうとするいわゆるターゲット・ゾーンを目指したものであったと説明している。この認識は正確ではないと考えている。私はこのプロセスに、1985年9月の「プラザ合意」の形成を横目で見、「ルーブル合意」を含めて86年9月以降のG5に「通訳」として出席し、その直前である86年5月の「東京サミット」には担当課長として、関わった。

その立場から見ると、この「ルーブル合意」は為替レートを一定の範囲に抑え込もうというような高尚な試みではなかった。確かにルーブルでは、関係者は「為替レートを当面の水準の周辺に安定させる」ために協調して為替市場に介入することに合意した。そして、これは声明文には書かれていないが、「ドルと円」及び「ドルとマルク」の為替市場への介入について、その水準から2・5％乖離したら介入を始める、5％を超えたら強力に介入する、介入額が合意額を超えたら今後どうするか相談する、ということについて合意した。それだけである。これをもって「ターゲット・ゾーン」を目指したというのはいささか無理がある。とはいえ、このテーマについて私は自説を紹介するにとどめたい。

ところが、この時期のもう一つの点についてのボルカーの認識は、どうみても正しくない。それは1986年5月の「東京サミット」で、主要国が合意した「経済指標」を活用して行うこととした政策協調についてである。ボルカーはここで各国はいくつかの経済指標について、相互に客観的な目標値を定め、それが実績と大きく乖離した場合にはその是正策を採ることに合意した、としている。

現実はそうではない。アメリカはそのような提案をしたが、それは拒否されたのである。そしていわばアメリカの顔を立てるため「経済指標を活用して」政策協調を進めることとされた。それが合意の内容である。

（2020年6月22日）

## 「東京サミット」の政策協調

今回は、ポール・ボルカー（元米連邦準備制度理事会〈ＦＲＢ〉議長）との関わりにおける1986年5月の「東京サミット」で合意された政策協調についての話である。

アメリカは第二次大戦後、継続的に貿易赤字国であり、時とともに増大するこの赤字にどう対処するかが大きな課題であったし、今もそうである。そして自国の貿易赤字縮小のためのアメリカの基本的な戦略は、この貿易収支赤字縮小の負担をいかにして貿易黒字国に負わせるかであったと言ってよい。現在、その相手方は中国であり、それは相手国からの輸入に高い関税をかけるという方式をとっている。

この「東京サミット」では、米国は当時の主要黒字国である日本と西ドイツに対し「経済指標を使った」政策協調で負担を求めようと試みた。米国は次のような案を示した。

⑴主要国は経済政策の運営に関し、自国の主要な経済指標の具体的な目標値につき、お互いに合意する。

⑵各国は経済運営が合意された通りに行われているかどうかをこれらの客観的指標に基

づきチェックする。

(3)それらの指標はGNP成長率、インフレ率、金利、失業率、経常収支及び貿易収支、マネー・サプライの伸び、外貨準備、為替レートなどとする。

(4)この客観的指標に基づいて、各国の経済が当初意図した目標から相当な乖離が生じた場合には、その国は是正のための措置をとる。

それを提示された各国の反応は、これはとても無理だというものであった。第1に、各国がこれらの経済指標の具体的な計数について合意することは、実務的にも技術的にも無理であった。仮に主要国間の国際収支不均衡の縮小を目指すにしても、どの国がどの程度減らすのか、またそれを進めるために各国の経済指標が具体的にどの程度であるべきなのか、それらを計数として定めうるかという問題である。

第2に、そういうことを行政府が約束してもその実行が制度的に可能かという問題があった。例えば、採るべき具体的な措置として、黒字国に例をとれば、財政支出の拡大や金利の引き下げなどがあるが、予算を決めるのはどこの国でも議会であり、それについて行政府が本気で約束できるはずがない。金融政策は、中央銀行の所管である。

第3に、より根本的な問題として、例えば国際収支不均衡縮小という課題についてみれば、当初の合意をする際にも、その後の採るべき措置についても、黒字国及び赤字国のどちらが、どの程度の「負担」を負うべきかを決めなければならないが、それが簡単にできるわけがない。例えば、黒字国である日本及び西ドイツに新たな措置を採らせようとしても日本や西ドイツが同意するはずがない。

## ■拒否された米提案

結局、東京サミットでは政策協調において「経済指標」を活用することとされ、米国提案の精神は受け入れるという形で処理されたのである。「東京経済宣言」の関係部分は政策協調というテーマと、G5の他に、新たにイタリアとカナダを加えた蔵相会議（G7）を創設するテーマとを一緒に扱って書いているのでわかり難い。その関係部分は次のようになっている。

「サミット7カ国間の経済政策の協調を図ることが重要である」

「このため、イタリアとカナダを含む新たな7カ国蔵相会議を創設する。（この会議は）サミットとサミットとの間に、共同して事にあたる」

「7カ国の蔵相はそれぞれの国の経済目標及び見通しの整合性を検討するために、以下に掲げる指標を活用して、少なくとも年一回は、共同してその見直しを行う」

「（従来の）SDR構成国〈日、米、独、英、仏のいわゆるG5である〉の間の多角的監視を実施していく上で、これら諸国の見通しの吟味は、例えば、GNP成長率、インフレ率……の指標を勘案しつつ行う」
「（G5の）蔵相・中央銀行総裁が多角的な監視を実施する際に、当初意図した進路から相当な乖離が生じるときには、常に適切な是正措置につき了解に達するよう最善の努力をするよう慫慂《しょうよう》する」

■歴史を創ってはならない

これらの文章から明らかなように、「東京サミット」では、主要国がいくつかの経済指標について、その達成すべき具体的な目標値を定めることとしたわけではない。目標値から大きく外れた場合にそれを是正する措置を採るとしたわけでもない。

ところがボルカーは、その共著「富の興亡」（ポール・ボルカー、行天豊雄共著）及び「ボルカー回顧録」（ポール・ボルカー、クリスティン・ハーパー）で、「1986年5月の東京サミットで日本と西ドイツは、経済指標のいくつかを経済政策の協調を確かめるためにチェックすることに同意した」とし、「（その）チェックは相互に目標値と実体値を『客観的な』指標によって確かめ合うという方法が採られることとなった」、さらに「目標値から大きくこれらの指標がずれたときには、それらを訂正するような政策が採られるべきことが確認され・・」としている。これらは先に紹介した通り誤りである。

経済宣言のこの部分を作成したのは、サミット参加国の大蔵省の国際部門のトップである「フィナンシャル・シェルパ」たちであり、その会合を議長として取り仕切ったのは大場智満財務官である。そして、私はそのいわゆる「事務局長」であった。米国の中央銀行の総裁であるボルカーは、この検討作業にも加わっていない。

国際社会では時として声の大きい者の主張が何らの検証もなく、そのまま「歴史」とされることがある。国益に反する誤った見解が示された時には直ちに反論しなければならない。わが国がかつてそういう努力を怠ったことの弊害は、今日多くみられるところである。

（2020年7月20日）

# 第7章　変動する世界秩序

シャルルボワ・サミット（2018年／カナダ）で、対立する意見のとりまとめに向けてぎりぎりの調整をするサミット参加国の首脳たち（DPA／共同通信イメージズ）

## デジタル課税の今後 ——福岡G20の焦点——

２０１９年6月8日及び9日、福岡市において、G20の財務大臣・中央銀行総裁会議が開かれた。この会議は、１９９０年代後半の「アジア通貨危機」を契機として、99年に創設されたものである。参加国は日、米、独、仏等の先進7か国（いわゆるG7）に加えて、中国、インド等主要な新興国を含めた20か国・地域である。それらの国の首脳の会合である「G20サミット」は、その9年後の２００８年に創設された。

### ■新ビジネスへの国際課税

設立経緯からも明らかなように、首脳会議を含めて「G20」の中心的なテーマは国際経済である。その中で今年特に注目を集めたのは、経済のデジタル化に伴う国際的な課税のあり方であったと言ってよいであろう。福岡での財務大臣・中央銀行総裁会議について２０１９年6月10日の「フィナンシャル・タイムズ」紙は、その第1面のトップにこの福岡での財務大臣会合の写真を、第2面に産業のデジタル化に伴う国際的な課税についての記事を中心に紹介している。

このテーマは、かつて大蔵省主税局で法人税や国際租税を担当した私にとって、大変興味のあるものであり、私は福岡で開かれたG20主催のセミナーに出席した。今後の企業の世界的なビジネス展開にもかかわるものでもあり、以下その議論の概要について紹介したい。

このセミナーには、福岡G20の1日目の午前中全ての時間が割り当てられ、わが国の麻生副総理兼財務大臣を始め、英、米、独、仏、中国、インド、インドネシア、アルゼンチン、オーストラリア、南アフリカの財務大臣、それにこのG20諸国とこのテーマについての共同プロジェクトを進めてきたOECD（経済協力開発機構）のグリア事務総長が2回に分けて出席した。

率直に言って、大臣諸公の会議としては、極めて深度のある専門性の高い意見の交換が行われた。両セッションの議論の取りまとめは、かつて6年近くOECD租税委員会の議長を務めた浅川雅嗣財務官が行った。これは、この「G20会合」のいわゆるシェルパ（国際的な大臣会合を専門的立場から補助し、とりまとめる役）でもある当人の重要性を印象づけるものであった。

議論を通じて参加者のほとんどが、最近の、デジタル技術を活用し、データをベースにして構築した事業を、国際的かつ大規模に展開し、その結果として巨大な利益をあげているグーグルやアップルといった企業に対する課税方式として、現在のそれは不適切なものであるという共通の認識を有していた。そこで、制度を改めるべきであるというのが意見である。ただ、どのように改めるかということについては、それぞれの国益を踏まえ、未だ意見の収束が図られていなかった。

背景にある考え方としては、これらの企業は、最近のデジタル技術の画期的な進展を背景として、各種のデータを収集、分析し、それを加工し、販売するのみならず、それをベースとした新たな事業を行いつつある。これは既存のビジネスの改良というよりは新種の産業を展開していると考えるべきであろうということであった。簡単に言えば、新種の産業であるからこそ、現在の税制で対処するのは不十分だということである。多分、そういうこともあって、このような企業については、税制のみならず、独占政策、情報、技術移転等についても問題となっているということなのだろう。

幾つかある課題のうち、とりあえず第一に何をベースにこの種の企業に課税をするのか（いわゆる「課税標準」の問題）と、第二に明らかに国境を越えて大量に行われている取引から生ずるその税収について、各国間でどうやって配分するのかという問題があるという認識があった。

## ■国際課税の基本原則も再検討？

ちなみに、この両者について現在の租税制度は、概《おおむ》ね次の通りである。第一に、「課税標準」は、現在はその企業の「所得」である。第二に国際間の取引から生じる税収の取り扱いについては、工場や支店などその取引を行う為の活動の拠点、いわゆる「恒久的施設」(俗にPEと言われる)がその国に存在するかどうか、ということを基準に規定されている。例えば米国に本社があり、わが国に「恒久的施設」を持たない企業は、日本人がいかに多くそのサービスを購入しようと、わが国はその税収の配分にあずからないということになっている。それはどうみてもおかしいのではないかということが、米国以外の多くの国の基本的な考え方である。

かくして、途上国は勿論《もちろん》、欧州や日本等ほとんどの先進国は現在の課税方式は改めるべきである、例えば、各国はたとえ、その国に「恒久的施設」が存在しなくとも、何らかの基準に従い、例えばその国における売上高を基準に課税しうるようにすべきではないかという。実際、仏や英国はこのような考え方に基づき、色々工夫をして課税を検討或いは既に課税に着手しているようであった。先進国の中には、税収の配分はその付加価値に応じて行うべきであるとの見解もあった。

一方、現在の国際的な課税制度は、米国にとっても心地よいものではない。何故ならば、幾つかの先進国は企業誘致を求めて、法人税の税率を異常に低いものとしており、米国のこれらの企業は、こういう低税率に引かれて、本社やその事業所をこれらの国に移しかねないからである。更には、いわゆる「タックス・ヘイブン」に、実態の乏しいペーパー・カンパニーを創設して、何らかの工夫をして、そこで利益を計上する恐れもある。そういう観点から米国は各国の法人税率について最低水準を求めること、更には各種の人為的な税逃れの為の穴を塞《ふさ》ぐことに格別の関心がある。専門的に言えば、前者は各国の法人税率の斉一化であり、後者はタックス・ヘイブン税制や移転価格税制といったテーマに係わる問題である。

このように、このデジタル課税のあり方は、単に新種の産業にどう課税するか、その税収を各国でどう分けるかという問題にとどまらず、現在世界が直面している税制上の多くの課題に係わるものでもある。

そういう容易ならざる意味合いをもつテーマに関して、「G20」が、福岡で「2020年までにコンセンサスに基づく報告書を作成する」とした。これは画期的なことである。全ての課題について合意するのは容易ではないが、その一部でも現実のものとなれば、その起点となった「福岡G20」の意義は更に大きいものとなろう。

（2019年7月8日）

# 仮想通貨「リブラ」の行方

フェイスブックが計画をしている仮想通貨「リブラ」を巡って、世界の通貨当局、中央銀行、学者、政治家等関係者が様々な論争をしている。だが、報じられるその議論の内容は多岐にわたっており、全体像がわかりにくい。わが国の「専門家」による解説も、それぞれの言わば自分の「持ち分」についてのそれが多く、全体像に関わるものはあまりないようである。ここでは、このような通貨の創造を技術的に可能としているとされる、書き換えが不可能な「ブロックチェーン」による分散記録と言われる側面は捨象《しゃしょう》して、その経済的側面を中心に、議論を整理し、今後のあるべき方向について考えたい。

## ■「リブラ」の現状

フェイスブックが提唱している「リブラ」の現状は、概ね次の通りである。

①資金取引をより早く、オープンにかつ低コストで行なう為に、新たな仮想通貨「リブラ」を創設する　②「リブラ」の価値の安定を確保する為、「リブラ」発行により取得した資金は、

ドルや円といった主要国の通貨やその国債、信用力の高い証券で運用する　③フェイスブックなど関連企業（それは後述の通り、この仕組みへの参加を表明しているデジタル会社とほぼ同一とみてよかろう）は、この新通貨「リブラ」を使った様々な新規ビジネスを提供し、またその取引で得た情報をベースに更なるビジネスを展開する。

具体的な仕組みと日程は次の通りである。①「リブラ」を創設する為に、スイスに本部を置く新しい非営利組織「リブラ協会」を設立する（この組織には、既にVISA、マスター・カード、ウーバー等の企業が各社1千万ドルを拠出すると表明している）　②世界の当局の同意を得て、具体的な計画を2020年末までに作成する。

手順としてはこの計画が認められた後、希望者は手持ちの円、ドル、といった通貨を代金として支払って、この新通貨を取得し、この通貨を活用した各種サービスを受けるということになるのであろう。

このような計画に対して、現在行われている議論は大きく2つの部分に分けられるようである。第1はこの「通貨」の創設に関わるもの、第2はその通貨を使った新規ビジネスに関わるものである。この後者に関する議論の大部分は、現在、情報をベースにした新たなビジネスを国際的に大規模に展開しているフェイスブック、グーグルといったデジタル企業について言われている議論とほぼ重なる。このことは、先に述べたこの「リブラ」創設計画に参加を表明している企業の多くが、いわゆるデジタル企業或いはその関連企業であるという事実に鑑《かんが》み、興味深いところである。

## ■期待されている役割

通貨としての「リブラ」については、考え方は比較的明快であろう。現在、世界の多くの人が円やドルやユーロといった通貨に不満足であり、それ故に新しい「通貨」が必要であると考えているわけではない。物価上昇や変動の激しい通貨を持つ一部の途上国の人々は、現在の自国の通貨よりは、その価値が安定している何らかの新しい通貨を欲しているかもしれないが……。仮により一層の安定的な別の新しい通貨を求めても、その新しい通貨が既存の通貨以上に安定的であるという保証はない。いずれにしろ、「通貨」そのものの側面に着目する限り、「リブラ」の必然性はないように思う。

指摘されている問題点の多くは、この「リブラ」を使った新規事業に関わるものである。それは抽象的に言えば、いわゆるデジタル企業が現在行っている新しい巨大ビジネスに関して指摘されている各種の問題が、この「リブラ」を使ったビジネスによって更に拡幅、拡散されるのではないかということである。その具体的な懸念項目を思いつくままに羅列すれば次の通りである。

○公正な取引の阻害（EUによる巨額の罰金の賦課、わが国の公正取引委員会による規制の強化）
○マネー・ロンダリング、テロを含めた闇組織の資金の仲介
○プライバシーの侵害、個人情報の漏洩《ろうえい》（EUや米国における巨額の制裁金の賦課）
○脱税、租税回避（主要国での各種の議論、仏、英の新規課税）

これらの問題点については既に関係者間で十分認識されており、先の福岡におけるG20の財務大臣・中央銀行総裁会議、大阪におけるG20首脳会議、最近のフランスでのG7首脳会議で採り上げられている。ただ、これらについて関係者の議論の収束は容易ではない。だとすれば、同様の問題点を持つ「リブラ」についてもそう簡単に合意が得られるとは思われない。

## ■「ビットコイン」の教訓

ひるがえって、「リブラ」計画の最大の問題点は何か。端的に言えば、それはそれが極度に自由化、低コスト化された現在の金融取引を更に安易なもの、複雑なものとし、結果として金融の不安定化を進めることにならないか、ということであろう。

同じく「ブロックチェーン」を使った仮想通貨としては、「ビットコイン」がある。これは、わが国の当局が世界に先駆けて「お墨付き」を与えたものであるが、その価格が著しく変動し、

又、犯罪にも使われたこともあり、通貨としての信頼を得るに至らず、一部の投資家の投資対象資産に留まっている。私は当時、金融市場の安定に格別の責任がある当局が、その点の検証を十分行うことなく、これに新たなイノベーションを認めるような感覚でゴー・サインを出したらしいことについて、一抹の不安を覚えたものである。

世界の金融市場の現状を見ると、「ビットコイン」は余った資金を資金の不足している事業に仲介して経済の活性化を図るという本来の資金仲介機能の為のそれよりは、金融市場のわずかな「歪み」を利用して利益を得ようとする投機的な場として活用されている感が強い。「リブラ」の目的が、提案者の言うが如く資金取引をより早く、オープンにかつ低コストで行うということであれば、この計画はこういう傾向をさらに進めることになる。だとすれば、余程慎重な対応が必要ということになろう。

（2019年9月23日）

## 米中摩擦と日米摩擦

米国にトランプ政権が誕生して以来、「アメリカ第一」の政策が推進され、多くの分野でこれまで当然とされた政策が見直され、その結果として世界が不安定な状態に置かれつつある。中でも、互いに関税を掛け合うこととなっている米中摩擦の影響は大きい。今後どのように展開するのであろうか。それを、米国とアジアとの経済対決の先駆となった日米経済摩擦をヒントに占うことにしてみたい。

周知の通り、第2次大戦後、わが国の経済復興につれて、米国発の日米経済摩擦が生じ、それは時と共に複雑化、かつ、深刻化した。最初は、わが国の軽工業品の米国への輸出がターゲットであったが、それは鉄鋼、自動車等の巨大製造業、更に金融業に及び、わが国の財政金融政策、そしてわが国の経済社会構造にまで波及した。

詳細は省くが、中国は長年この我が国と米国の動きを注意深く観察し、来たるべき米中摩擦に備えていたようであった。

## ■原理を異にする国の交渉

そこでこの2つの摩擦を比較すると、次のような点に思い至る。

第1に、日米摩擦は、現在の米中摩擦と同様、米国としてはやや露骨な国益や企業益を求めたものであったが、その交渉は「経済は市場原理で運営されるべきである」という基本的な原則を共有した国同士の交渉であった。日本としても物事は市場原理で決されるべきであるということについては異論はなかった。その実情に鑑み、米国が求める変革の詳細とそのペースに同意出来ないというものであった。他方、米中摩擦の場合、その拠《よ》って立つ経済原則が両国共通とは言えない。米国の場合、制度は従来同様、市場原理に基づくものであるが、現在の政権の具体的行動はそれに反するものが多い。他方、中国の拠って立つ「資本主義的社会主義」は部外の第三者がこれを合理的に理解することは困難だ。共通の尺度がない交渉の決着の予測は難しい。

今後は恐らく、各交渉の時点の各種の状況、例えば米国について言えば、2020年の大統領選挙へ向けた大統領候補への支持率の変動、その背景となった諸要因中に占める中国政策へのウエイトに、中国について言えば、各種の国内の政治的社会的動向に、左右されるということではなかろうか。

第2に、現在の米中摩擦については、少なくともその交渉関係者に関する限り、双方ともに金融の知識が深くないらしいということである。米国の国際金融市場における力は圧倒的である。それは基本的にはドルが基軸通貨であることに由来するが、その世界的に構築された決済のシステムの力は絶大なるものがある。このことは、米国がウクライナ紛争に起因してロシアの二、三の巨大企業にその国際的な金融取引を制限したところ、その結果としてロシアの経済成長率が低下した事が思い出される。この米国の強力な国際的な金融の力の源泉の一つは、同国の市場原理に基づく経済運営だったはずである。中国についてみれば、例えば上海の国際金融センター構想は、その着手から既に20年近く経っているはずであるが、当初期待されたものに至っていない。また、近年の積極的対外金融政策は、今後は内需を中心とする成長を目指すという同国のマクロ経済政策と両立し難いように思われる。

世界経済に占める金融の役割が極めて大きいことの認識の不足が、米中交渉に具体的にどういう影響をもたらすかは今一つ判然としないが、この点についての再認識が意外な結果をもたらす可能性がないとは言えない。

第3に、現在の米中摩擦は、経済のみならず、国家の覇権、領土といったいわゆる「ゲオポリティカル」なものでもあるということである。米国は米国中心の現在の世界秩序を前提とし、中国は米国に代わって覇権国家となることを目指しているようである。今後の交渉によって、もしこの第3の側面が強調されるようになれば、ことが軍事大国同士のものであるだけに、世界は極めて危険な局面に曝《さら》される可能性がある。これも日米摩擦との大きな差異である。

## ■背景に所得格差の拡大

興味深いのは、この経済・社会体制の異なる両国に、一つの大きな共通点があることである。それは、いずれも近年、個人の所得格差、貧富の差が著しく拡大しているということである。資本主義の国である米国の所得格差の拡大は、われわれが習った経済学の教科書では、社会保障制度の充実や所得税の累進税率による所得の移転によって修正されるべきものとされていた。中国のような社会主義国では、そもそも国家の仕組みの上から、富は集中から平準化に向かうはずであった。

この両者に共通する所得格差の傾向が、様々な経路を通じて両国の現在の政策に結びついている可能性が高い。だとすれば、時間がかかるかもしれないが、米中摩擦の今後は、この国内の格差拡大の流れが止まるか、或いは逆転するかどうかにかかっているということになる。これは基本的に両国の国内問題であり、われわれとしては、このテーマについての両国の政策の推移を見守るしかない。

（2019年11月25日）

# 英国のEU離脱　――その経済的・政治的意味――

2020年2月1日（日本時間）、英国は国民投票の結果を踏まえて、欧州連合（EU）から離脱した。わが国のジャーナリズムは、その意義とそのもたらすであろう影響を様々な見出しの下に報じている。「戦後秩序に幕」「欧州新時代」とするやや大袈裟な見方から「EU離脱英に試練」といったクールなものまで様々である。一体、これは直近及び将来的にいかなる影響をもたらすであろうか。それを予測するには、先ず以下の2点が大切であろう。

第1は、この離脱は長年議論され、かつ3年半以上前から予測されたものであり、既に各分野において離脱後の状況を想定した対応が相当程度進んでいるということである。例えば、欧州において新たな製造業の拠点を定めようとする企業は、その地を既に英国よりはドイツ、スペインといった国を選んでいるはずである。何故なら離脱後は英国からヨーロッパ大陸への輸出について関税が課されることになるからである。また、ロンドンに機能を集中させていた主要国の金融機関は、その機能の一部を既にパリ、ドイツ・フランクフルトといったEU内の都市にかなりの程度移している。

第2は、現在は、かつて世界の金融市場を揺るがしたイタリア、スペイン、ポルトガルなどの「債務国問題」は存在しない。世界の金融市場は2008年に発生した世界的金融危機から完全に回復し、現在は安定している。ヨーロッパ経済も、成長率は、高くはないものの、それなりに堅調であり、雇用状況も社会的な懸念を引き起こすような状況ではない。かたがた、メンバー国においてEU或いは通貨「ユーロ」を揺るがしかねない主張をする政党の勢いは強くはない。

このように見てくると、当面、英国のEU離脱が世界の経済及び金融に大きな波乱をもたらす状況ではないと言ってよい。

## ■年末に一騒動？

他方、英国と貿易その他の商取引がある向きには、今後の交渉の行方に注意が必要である。英国との取引については、離脱した2020年2月1日以降、12月末までは「移行期間」であり、この間は、英国はEUのメンバーと同様の扱いを受けるので、英国と商取引する場合、これまで通りの低い関税率が適用される。その後については、この「移行期間」中に行なわれる交渉次第である。この間に新しい貿易協定が合意されればそれに従うことになる。合意に達しなければ、世界貿易機関（WTO）に従った関税率が適用されることになる。より高い関税率が適用されることになるのである。

実のところ、この新しい貿易協定の交渉は難航が予想され、12月末までに英国が日本を含め、主要国と合意することは困難であると思われる。恐らく12月が近づくにつれて、その行方をめぐって世界的に一騒動あるであろう。この間に合意することの困難さを予測した関係者は合意文書の中に、「移行期間」を2年間延長することが出来るとの条項を挿入したが、英国には延長を求める意向はなさそうである。

より長期的にみて、この政治的・経済的意味はどこにあるのであろうか。

政治的には、EUの目指すところは、その条約に言う通り「経済・通貨統合、政治統合、内務・司法面の協力」などであり、最終的には地域としての統合を目指すものである。だからこそ、欧州議会があり、EUの政府(欧州理事会及び欧州委員会)があるはずである。これに加盟した英国が「EUに入ったことにより主権が制限されてしまったので脱退する」ということであれば、同国が、そもそも各国が共通の目的のために自国の主権を制限するというこのEUの性質を理解していなかったということになる。

## ■極めて英国的な問題に

いずれにしても、英国の離脱によりEUの規模は縮小した。EUは現在、その規模の大きさを背景として、経済、政治、文化など幅広い分野において世界の一つの強力な組織となり、米国と対峙している。その主張は時として頑迷固陋《がんめいころう》、保守的に過ぎるところもあるが、長い歴史とその間の蓄積を踏まえ、政治、経済、文化、科学、外交など多くの分野において、性急な判断に基づいて極端に走りがちな米国への対抗勢力として世界の発展に貢献している。英国の離脱により、この機能が相当弱まるのではないかとする見方もある。ただ、最近の英国の対外的な主張は、国内の政治情勢を反映してか、かつての合理的、常識的な一貫性のあるものという特色が薄れつつある。その結果、英国のEU内における政策の質的貢献は減少してきているように感じる。かくして、英国の離脱によるEUの世界の政策への影響力の低下はかなり限定的なものであると思われる。

経済的には「他の条件が一定であれば」EUという自由貿易地域の規模が縮小したわけであるから、市場経済の後退を通じて、世界における資源の効率的配分、経済発展が阻害されるということになろう。だが、それは今後、英国抜きのEUがどのような政策を採るのか、英国はどうか、また、新たに締結されることになる英国と他国との貿易協定がいかなるものとなるかにもかかっている。とはいえ、現実の問題として、世界貿易及びそれに伴う世界経済の動きは、目下のところ圧倒的にトランプ米大統領の政策にかかっており、このEUのメンバー変更が世界経済にどういう影響を与えるかを議論することにどの程度の意味があるのかというのが正直なところであろう。

このように見てくると、この英国のＥＵ離脱は、この３年半の間に、世界の問題から、極めて英国的な問題に変質してきていると言えそうである。

（２０２０年2月24日）

## バイデン米大統領の「一般教書」――日米首脳の施政方針演説の差異――

2022年3月1日、アメリカのバイデン大統領は、恒例の「一般教書」(〝State of the Union Address〟)を発表した。行政のトップである大統領が年に1回、議会において、上下両院議長、最高裁判所判事ら関係者を前に自らが目指す政策を説明する、わが国で言えば「施政方針演説」である。そこで、今回この一般教書をわが国の行政のトップである内閣総理大臣が毎年、通常国会冒頭に行う施政方針演説と比較することにより、アメリカを知ることを試みたい。まず、わが国の施政方針演説について触れる。

### ■岸田首相の施政方針演説

22年1月中旬、岸田首相が行った施政方針演説は周知の通りである。全体は、「はじめに」と「おわりに」を含め10項目である。他の8項目は「新型コロナ対応」「新しい資本主義」「気候変動問題への対応」「全ての人が生きがいを感じられる社会へ」「地域活性化」「災害対策」「外交・安全保障」「憲法改正」である。

「最優先課題」は、新型コロナ対応であるとしつつ、新型コロナ発生以降の予算を含めた対策、病床やワクチンの現状と今後のワクチン供給対策などについて全体の4分の1程度を充てている。ボリューム的には「新しい資本主義」に最も多くが割かれ、経済の活性化に力点が置かれていることがわかる。

バイデン大統領の「一般教書」も国政全体にわたっている。広く紹介されているように冒頭、ロシアのウクライナ侵攻を採り上げ、その不当性、それへの対策、トランプ前大統領以来大きく割れている米国の国論の一致の必要性などを訴えている。ただし演説中、この部分は35ページのうち6ページに過ぎない。新型コロナ対策、インフレ（経済政策の「最優先課題」）、アメリカの国際競争力の強化（そのためのインフラ投資、生産の国内回帰）、公平な社会（公平な税制・競争政策）、銃規制等々について述べている。

二つの演説は、先に述べたように片や1月中旬、もう一方が3月初旬であり、この両者の間にロシアのウクライナ侵攻という新しい事態が発生したことなどもあり、その背景は同じではない。だが、この両者の差異が示唆するところは多い。

## ■具体策を語る日本、哲学を説くアメリカ

一見して目につくのは、わが国がコロナ対策という国内問題を第一に採り上げているのに

対して、アメリカがロシアのウクライナ侵攻という国際問題について熱く述べていることである。これは、先に述べたように岸田首相の施政方針演説の際には、ウクライナ侵攻は行われていなかったという違いに基づくものでもあろうが、仮にその施政方針演説が3月初めに行われていたとしても、それが最初に採り上げられたとは考え難い。現在の国会における議論は、ロシアへの経済制裁などわが国としてどう対応するか、その結果招来する物価上昇や物資供給への制約をどのように考えているか、日本国民のウクライナからの退避はどうするか、といったこの「国際」問題に関わる「国内」問題が中心となっている。1975年に始まった先進国サミットの最初からのメンバーであり、いわゆるG5、G7の主要メンバーという世界的に大きな存在であり、なおかつ国際問題が社会や経済に大きな影響を与えるわが国において国際問題の重要性についての認識が著しく低いことを想起させる。

第二は、わが国では具体策が説かれ、アメリカでは考え方や思想が説かれていることである。

例えば、コロナ対策については、わが国では水際対策の具体策や3回目のワクチン接種、無料検査、病床対策、具体的に何をするかと、その手順などが多く語られている。他方、米国ではわが国同様、政府のこれまでの施策の成果を誇示しつつも、コロナについてはもはやそのために強い社会的制約を続ける必要はなくなった、今後は他の疫病に対すると同様にそれとの共存をする時期に入った、といった政府としての判断を示している。そして、その判断の下での具体的施策を述べている。

成長戦略についても同様である。わが国では、例えばデジタルを活用した地方の活性化を図る、そのためのインフラを整備する、規制・制度見直しなどをする、とその具体策のメニューが羅列されている。他方、米国では、中国経済の競争力の増大などを背景として、21世紀の世界における競争に勝つという見地に立った、半導体産業の充実、道路、空港、港湾などの公共投資の促進の必要性を述べている。

## ■将校の仕事の重要性

この両者の違いの一つの理由は、議院内閣制のわが国では、政府の目指す政策に必要な法律は国会で成立する可能性が高いので、その正当性を強調する必要が低いが、厳格な三権分立制のアメリカではそうではないことによるものであろう。大統領制のアメリカでは政府の提唱する政策を実施するために必要な予算や法律が国会で承認されるとの保証がない。そこで、それへの支持を得るために施策の背後にある考え方を国民や国会議員にしっかりと理解してもらわなければならないということもあるのだろう。

いずれにしても、この両者の差異が国の政策について意味するところは大きい。こういう施政方針演説の下で、国民の間や国会で議論される内容は、米国ではその政策のベースにある考え方であり、そのテーマについての判断である。具体的な政策は、その判断に基づいて作られている。他方、日本の場合には、語られているのは政策の具体的な内容であり、議論されていることの多くはそういう政策が最適かどうかであって、その政策のベースとなった判断そのものや、背後にある考え方が適切かではない。

かつてよく使われた比喩で言えば、前者は将校の仕事を議論しており、後者は下士官の仕事を議論しているのである。残念ながら、どちらがより良い結果に至る確率が高いかは明らかであろう。「アメリカを知る」ことは、わが国を知るためにも大切であることに改めて思い至っている。

（2022年3月21日）

# ウクライナ侵攻の意味するもの

## ——経済的打撃と変動する世界の勢力図——

２０２２年2月24日、ロシアがウクライナに侵攻した。アメリカやイギリスの情報機関はその近々の可能性を伝えていたが、当のウクライナを含め多くの国にとっては予想外の出来事であり、後の急激な展開や進捗《しんちょく》のはかばかしくない停戦交渉などを前に、世界はその現状、もたらすであろう影響、今後の成り行きについてどう評価すべきか苦悩している。以下、欧米の信頼しうるマスコミの情報などをベースに最近の国際経済、政治を踏まえ、今後の方向を探ってみる。

### ■大きい経済的な打撃

ロシアのウクライナ侵攻については、破壊された建物や焼けただれて放置された戦車などのテレビの画像を通じて、そのもたらした物理的な悲惨さは理解されているが、その現在及び将来の経済的な打撃、その負担の大きさは、十分に理解されているとは言い難い。

ウクライナから近隣諸国に逃れた避難民は500万人近くとされる。隣国のポーランドをはじめ、ドイツ、フランスなどこれらの人々を受け入れるいわゆる西欧諸国は、これらの人々に住居を提供し、就職の機会を与えるなどして生活を支えなければならない。わが国で近年の水害で家を失った人への対策が容易ならざることは、これまでよく知られている。類似の対応が100万単位の人を対象に求められるとすれば、負担が膨大なものであることは容易に推測できよう。

ヨーロッパにおけるエネルギー価格の高騰についても同様である。石油、ガス、石炭など、そのエネルギー供給の多くをロシアに頼ってきた西欧諸国は制裁措置として、あるいは将来の自国の安全保障の見地から、その依存度を急激に減らしつつある。この結果、これらの国のエネルギー価格は急速に上昇すると見込まれる。例えば英国では、この1年間に50%の上昇が見られたが、この秋までにはさらに50%上昇するのではないかといわれている。

こういう事態が世界経済に与える影響は相当深刻なはずである。それは世界の経済成長の大幅な低下を招く。またロシア及びウクライナが世界に供給してきた多くの一次産品価格の上昇による物価の大幅な上昇、ならびに後述するような、この地域が主たる供給者である一定の貴重な金属の減少に伴うサプライチェーンの弱体化を通じ、各種製造業の停滞をもたらす。世界がそういう環境にあることを十分認識しなければならない。

## ■物価の上昇とサプライチェーンの脆弱化

ウクライナ及びロシアは世界のいわゆる第一次産品の重要な供給国である。原油については、ロシアは世界第3位の産出国である。天然ガスは世界第2位の産出国であり、ヨーロッパの総需要の約40％をまかなっている。一部の西欧諸国はその石炭に依存している。食料生産に関してもこの地域は重要である。ウクライナとロシアは世界の小麦粉の3分の1を輸出している。この地域は肥料の重要な供給地域でもある。これらの供給が減少したり、それが不安定となったりすることは経済の停滞要因であり、上昇傾向にある世界の物価をさらに押し上げることになる。

ことは物価にとどまらない。ウクライナはニッケルやチタン、パラジウム、アルミニウム、高価な鉄ペレットやネオンなどの化学ガスの重要な供給国である。これらは、例えばネオンが半導体チップの製造に不可欠であることにみられるように、現代の多くの産業に不可欠なものである。その供給の制約は関連業界のサプライチェーンの脆弱化をもたらす。結果、半導体関連産業、自動車産業など幅広い分野に悪影響を与えることとなる。半導体の円滑な供給が阻害されれば情報産業もその影響を免れない。これらは今後、比較的早い時期に、実体経済により明瞭な形で反映されることになろう。

## ■変化しつつある世界の勢力地図

詳細は別の機会に譲るが、本件を追う過程で気づいたことが幾つかある。

第1は、ロシアのウクライナ侵攻は確かにプーチン大統領が引き起こしたものではあるが、これを導き、今日に至らしめた要因は他の多くの国にもあるということである。当のウクライナは1991年の独立以降も親ソ派と西欧派の対立が絶えず、その主導権を握るための抗争は次元の低いレベルで行われ、その過程で統治機構の質が低下していったようである。ゼレンスキー大統領もその政治、行政能力が評価されてその地位に就いたわけではなく、ある愛国劇の主人公役を演じて得た人気を背景に現在の地位にいるとされている。彼の劇団仲間も国政の責任者となったようであり、もしそうであれば、そういう体制のこの国が高度な政策を実施することは余程の工夫がないと難しいであろう。

西欧諸国についていえば、16年間ドイツを統治したメルケル前首相、フランスのマクロン大統領や前任者たちは近年、経済上の利益を重視し、アメリカなどの警告を無視してそのエネルギーのロシア依存を高めるなど、安全保障上の考慮を軽視する傾向があった。近年のロシアによるジョージア侵攻、シリアへの派兵、クリミア半島の併合などの不条理な行動に対しても微温的であった。

アメリカは、1990年代ソ連の解体とその後のエリツィン大統領の民主化方向への歩みに安心し、大統領が共和党のブッシュ氏から民主党のクリントン氏へ交代したこともあって、ロシアの民主化路線がいまだ不安定な時期にその積極的関与を停止したとされる。このことが後のプーチン大統領の誕生、専制路線の推進を可能にしたであろうことは容易に想像しうる。また先の米大統領選の際、トランプ大統領(当時)が自らの再選を目指してウクライナ政府に、時のバイデン候補の身内に対し捜査するよう圧力をかけ、拒否されると約束済みの同国への援助をとり止めたことが、ゼレンスキー大統領を対米不信に走らせたという。

第2は、世界の政治上の地図に変動がみられるということである。西欧諸国では結束が強まりつつある。スウェーデン、フィンランドはこれらの情勢をみてNATO入りを希望し、EU諸国は、これまで消極的な反応を示していたウクライナのEU加盟について積極的な発言をしている。

アメリカについては、例えば軍隊を派遣するかどうか、航空機を提供するかどうかなど、この戦いにどの程度関与するかが戦争の今後を大きく左右することが明らかとなり、また、その主導する金融上の措置を含むロシアへの経済制裁措置が予想以上の「効果」を生むことが判明するなど、その国際的な地位の大きさが改めて確認された。

近年その国力の上昇が著しい中国について、実はその多くが、その貿易取引の最大の相手方がアメリカであること、第5世代（5G）移動通信システムをはじめとするその驚異的進歩を遂げてきた先端的技術の源泉がそうであることにみられるように、さまざまな形でアメリカに予想以上に依存したものであることが明らかになってきた。私は世界も中国自身も、これまでその実力を過大評価してきたのではないかと考えているが、世界的にもそういう認識が強まってきているように思う。

以上、要するにロシアのウクライナ侵攻は、経済にとどまらず世界にさまざまな変化と多くの教訓を示しているように思う。

（2022年5月10日）

## 長期化するウクライナの戦い

2022年2月末のロシアによるウクライナ侵攻で始まった戦争は、当分収まりそうもない。この記事が紙上に掲載されるときにも残念ながらそうであろう。

戦況については報じられている通りである。首都キーウ（キエフ）の占領を目指したロシアは、もともと自国と結びつきの深いウクライナ東部に攻撃の主目標を移し、人的、物的に相当の損失を負いながらも、その地域のウクライナからの独立、そうでなくともロシアとのさらなる一体化を目指しているようである。ウクライナはロシアの侵攻そのもの、およびその戦争行為が不当かつ人道に反するものであり、自国の独立とその領土維持のための戦いを続けるとし、さらなる武器供与とロシアへの制裁の強化を西欧諸国に求めている。

現時点では、どの国も終結へのシナリオを準備しているとは思われず、自国を取り巻く環境と、それを踏まえたそれぞれの思惑に従って行動しているに過ぎないように思う。

### ■好ましくない世界的変化

既に5カ月に及んでいるウクライナにおける戦いは世界にさまざまな、多くは好ましくない、変化をもたらしつつある。

第一に経済面では、この戦争に起因するエネルギーや食料供給の不安定化、および主として製造業のサプライチェーンの不具合により、日常生活に密着した物やサービスの物価上昇をもたらし、それは今や世界的なインフレに転じつつある。これらが同時に、コロナ禍から回復基調にあった経済成長を押し下げていることは言うまでもない。

経済政策面ではこのような事態に対応して、わが国を除く主要国は金融の引き締めに転じ、それが各種の好ましくない事態をもたらしている。予想外に速いペースの金利の引き上げは国際金融市場、為替市場の不安定化を生みつつある。

具体的には海外からの借入金に依存している途上国の債務問題、通貨ユーロの不安定化の兆しである。最近の急速な円安の進展もその一環である。西欧諸国のロシアに対する経済制裁も、このような動きを助長するものではあれ、緩和するものではない。西欧諸国によるロシアの外貨準備資産の凍結による同国のデフォルトの可能性もその一つである。

政治面での変化は、より顕著である。ヨーロッパとアメリカとの間には、これまでロシアに対する安全保障政策の視点に大きな差があったが、それが解消された。すなわち西ヨーロッパの主要国には既に冷戦中から、ソ連(ロシア)とそのエネルギーを媒介とした協力関係を築くことにより、その安全保障を確保する思想が存在した。近年の地球温暖化対策の重要性の高まりに伴い、このエネルギーのロシア依存の傾向はさらに強まり、アメリカが指摘し続けてきたように、安全保障上の視点が軽視されてきたのである。

ところが今や西ヨーロッパ諸国は、それが厳しい経済的負担を伴うことを承知の上でこの政策の転換を図りつつある。これまで北大西洋条約機構（NATO）各国の共通の目標であるGDP2％の国防費支出に消極的だったドイツはその順守のみならず、新たな長期的な軍備支出計画を策定するにいたっている。東西の対立から中立を守ることが自国の国益に資するとしてきたスウェーデンとフィンランドはNATO加盟に動いている。EUはこれまで積極的でなかったウクライナの受け入れに動き出している。かくして米国と西ヨーロッパの政治的関係の緊密化が進むとともに、西ヨーロッパ諸国の政治的、経済的一体化は、その包摂する地域を拡大しつつ、さらに進展することになった。

全世界的局面では、これまで米国と中国との間の主として経済的対立ととらえられることが多かった関係が、中国、ロシアVS西側諸国という二つの陣営間の政治的、軍事的、かつ経済的対立に変化しつつある。その根底には「共産主義」という伝統的な名称を用いつつもその明確な定義が見えづらく、一般に権威主義国といわれるグループと自由主義、民主主義、資本主義を奉じ「基本的人権」の尊重をうたうグループとの間の思想的な対立がある。

## ■各国は苦渋の決断

こういうさまざまな局面での大きな変化を引き起こしたのは、それぞれの国における国益とは何かについての真剣な議論であり、そこから出てきた結論をたとえ苦痛を伴うものであっても受け入れるという決断である。ロシアへのエネルギー依存を断ち切る政策へかじを切ったヨーロッパでは、例えば年間100%を超えるエネルギー価格の急上昇がみられ、今年の冬は計画停電すら予想されている。ロシアとの間の長い国境を有するフィンランドは、当面の安全保障上のリスクの高まりを覚悟し、長期的な独立の確保を目指してNATOへの参加へ向かった。ウクライナは、それが自国の物的・人的損傷を増やすことを承知の上で戦い続けることを決意し、諸外国に武器の供給を依頼している。アメリカは、この11月に行われる中間選挙でマイナスとなることを覚悟で、金利を引き上げ、原油価格の高騰を抑えるために、それが与党の支持基盤を弱めるにもかかわらず、人権問題で対立してきたサウジアラビアとの関係修復に乗り出している。

これらの国の為政者は、それが自分たちに不利に動くことを承知で都合の悪いことを含めて正直に事実を国民に説明し、当面苦痛を伴う措置が必要であることを国民に説き、国民もそれを受け入れたといってよい。

## ■安易なわが国の論争

わが国では、2022年7月10日に参議院議員選挙が行われ、その過程でさまざまなテーマが取り上げられた。振り返って強く感じることがある。それはこの世界的に、またわが国にとっては格別、難しい時期に、取り上げられ、議論されたテーマおよびその議論の内容についてである。果たしてわれわれは彼らと同程度に真剣にわが国の課題に向き合ってきたのであろうか。わが国の国益が何かを真摯に追求してきたのであろうか。為政者は過去の政策の成功を説き、野にある者は今後の政策についてその安きを競ったのではないか。国民はどうか。考えさせられることが多い。

（2022年7月26日）

# 未来への布石　対談

古澤 満宏氏
株式会社三井住友銀行　国際金融研究所理事長

【ふるさわ・みつひろ】株式会社　三井住友銀行　国際金融研究所理事長　１９５６年生まれ、東京都出身。東京大学法学部卒業。１９７９年大蔵省（現財務省）入省。フランス国立行政学院卒業。在仏日本国大使館参事官、主計局主計官、在米国日本国大使館公使、国際局次長を経て、２０１０年国際通貨基金（ＩＭＦ）日本代表理事。理財局長、財務官、安倍晋三内閣官房参与及び財務省顧問を経て、２０１５年３月から１ＭＦ副専務理事。２０２１年12月から現職

## 緊迫する世界情勢　欧州と日本
## 新しい秩序を構築するために

世界秩序が流動化している。ロシアによるウクライナ侵略は、数多くの国を巻き込む戦争となり終結への見通しは立たない。米中対立は経済分野のみならず、台湾問題など軍事的な緊張も高めている。われわれはどのように世界と向き合うべきか。フランスに留学し、日本を代表して国際機関で活動してきた三井住友銀行国際金融研究所理事長の古澤満宏氏に語ってもらった。

### ■異なる利害を調整してきた歴史

**久保田勇夫**　経済に限らずアメリカが世界をリードしています。気候変動への対策や金融政策、デジタル課税の議論など、いずれも結局はアメリカが動くことで世界が動いている。この状況は当面変わらないでしょう。しかもアメリカの政策は、歴史的にみても鋭角的に変わることが多い。その下で、アメリカに相対するカウンターパートとしての、ヨーロッパの重要性は極めて高いといえるでしょう。そこで、ＥＮＡ（フランス国立行政学院）でエリート教育

古澤 満宏氏

を受け、IMF（国際通貨基金）など国際舞台で活躍してきたフランス派、またはヨーロッパ派ともいうべき古澤さんと意見を交わしたいと思いました。

**古澤満宏**　私は大蔵省の留学制度を利用してフランスに留学し、ENAで学びました。その後も国際畑が長く、IMFには2度勤務しました。その時、IMFのトップである専務理事はどちらもフランス人でした。

久保田さんがおっしゃるようにアメリカが世界をリードするという状況は変わらない。一方で米中対立が激しくなる世界にあって、国際協調の重要性が高まっています。国益は国ごとに異なります。異なる利益を無理やり一本化するのではなく、国ごとの違いを認めた上で、利害を調整することが真の国際協調でしょう。ヨーロッパには、この国際協調に努力してきた歴史があります。

**久保田**　アメリカのカウンターパートとして欧州をとらえる場合、当然のことながら一般的に、政策の中身の違いが注目されます。例えば、遺伝子組み換え食品について、アメリカは積極的だが、欧州は消極的だとか。あるいはヨーロッパは「文化」にセンシティブであるとか。しかし、こういう具体的な話だけではなく、そもそも物事の方法論、考え方においてカウンターパートといえるような気がします。

私は大蔵省時代、国際交渉、中でも日米金融交渉の最前線を担ってきました。そこで感じたのですが、アメリカ人は制度やルールが他の国と異なっているという認識が少ない。これに対してヨーロッパは、正しいとするルールが国によって違うことを認めた上で、意見をまとめるというやり方のように思います。

**古澤**　フランスとドイツは、19～20世紀に大きな戦争を3回もしています。フランスの村々には、ドイツとの戦争で死亡した戦没者の名前が刻まれた慰霊碑が建っています。フランス人にドイツ人のことを好きかと問えば、複雑なものがあるでしょう。ドイツ人も同じかもしれません。それぞれ歴史に培われたバックボーンがある。

しかし、大きな戦争を経たことで、ヨーロッパは「国境を接している両国は仲良くせざるを得ない」という考え方に至った。このことが、世界的に重要になっているのでしょう。

## ■想像を超えるフランスの強さ

**久保田**　アメリカとの関係においてヨーロッパが重要であり、そのヨーロッパの政策の中心はフランスだろうと考えています。経済力ではドイツが優位ですが、フランスは行政組織が非常にしっかりしている。国際交渉の場でともに働いた官僚の中で、今でも関係が続いているのはフランスの人が多いのです。政と官のあり方についても、フランスは共感するところが大いにあります。

**古澤**　フランスは、GDPでみると日本の6割くらいですが、国際政治における発言力は極めて強い。例えばIMFの歴代専務理事12人のうち、5人がフランス人です。ドイツ人は1人だけです。

**久保田**　非常に重要であり今日的な意味を持つのは、ウクライナ戦争におけるマクロン大統領の行動です。

ウクライナのゼレンスキー大統領は「独立を守るために武器をくれ」と訴え続け、アメリカなど西側諸国は武器提供を続けている。この戦争を善悪でいえば、悪いのは侵略を開始したロシアです。しかし、武器を提供するだけでは、戦争はなかなか収まらないのが現実です。

これに対してマクロン氏は、先を見ている数少ないリーダーの一人だと思います。彼は、ロシアのプーチン大統領とも接触を続けています。この姿勢は一部の西側諸国から非難もされているようですが、戦争をどう終わらせるか、そのシナリオを考えての行動だと思います。戦争を終結するには、ロシア側の事情も視野に入れる必要があります。マクロン氏はそれが分かっている。外部から非難されようと、やるべきことはやる――。見上げたものだと感じました。内政でもマクロン氏は、多くの国民の反発も覚悟して、年金の支給年齢引き上げに踏み切った。年金制度の維持のためには、それが必要だと判断したのです。将来を考えたリーダーとしての決断です。

**古澤**　フランスの憲法上、大統領の権限が非常に強いこともありますが、もう一つの要素として、マクロン氏がENA出身ということもあると思います。ENAでは、リーダーは国益を重視して何をすべきかということを考えるエリート教育を施しています。ノブレス・オブリージュというか、リーダーとしてこれをやらなくてはいけない、という考えがしっかり身に付くのでしょう。

## ■リーダーは「育てる」もの

**久保田**　リーダーをどう育てるか。その意識の強いことがフランスの大きな強みだと思います。ENAはどんな教育をするのか。非常に関心があります。実際に受けた古澤さんにお話を伺いたい。

**古澤**　ENAは国を背負う即戦力を育てるための学校であり、その教育は知識や理論はもちろん、実践的な内容でした。

例えば、実際にカメラを置いて、インタビューを受ける訓練をしました。「質問に対しては、必ず3つありますと言え」と習いました。何か質問を受けたときに、「理由は3つです」「重要なことは3つです」と。2つだと論拠が乏しいと思われる。4つ以上言うと人は覚えていられない。3つがちょうど良いそうです。この3つの法則は、今でも使っています（笑い）。

**久保田**　その古澤さんの笑顔も、ENA教育の賜物だとか。

**古澤**　2010年にIMFに行ったとき、専務理事のストロス=カーン氏から「今度の日本代表理事は、笑顔でフランス語が話せる」と紹介されました。それはともかく、ENAの卒業生は、すぐに省庁の課長ぐらいの責任を持たされます。

一方、戦後日本は、こうしたエリート主義を排し、皆が平等に教育を受けるようになった。その結果、年をとらないと能力を発揮できないシステムになってしまったような気がします。

**久保田**　リーダーは勝手に育つものではありません。育てるにはコストと時間がかかります。ラグビー日本代表監督を務めた宿沢広朗氏が書いていましたが、日本ではキャプテンを「選ぶ」が、イギリスは「育てる」意識が強いそうです。幼いころからリーダー候補を見いだし、キャプテンに必要な能力を身に付ける訓練を施す。

私たちがいた大蔵省でも、国家公務員の上級職試験を通って採用された者が、入省4〜5年目で地方の税務署長を務めるシステムがありました。組織のトップとして経験を積むことで、その心構えや行動を学ぶ。私も色々と苦労しながら、さまざまなことを学びました。それはその後の仕事に大変貴重だったと思います。

ところがこのシステムは、官僚批判の流れの中で、なくなってしまいました。

**古澤**　エリート批判が強いのはフランスも同じです。ＥＮＡは廃校となり、２０２２年１月に「国立公務学院」と統合されました。それでも基本的なところは変わらないと思っています。「エリートはあまり好きではないが、優秀なやつがリードして全体がうまくいき、俺たちも潤えばいい」という意識が、国民の中にあるからです。

**久保田**　日本もエリートを育て、上手く活用する必要があるでしょう。日本が世界の中でどう見られるかは、リーダー次第という側面があります。たとえば私は、１９８０年代、財務官室長、副財務官などを経験し、他国と丁々発止にやりあう政治家をすぐ近くで見てきました。当時、主要国間の政策協調を進めたＧ５（５カ国蔵相・中央銀行総裁会議）等で、アメリカのジェームズ・ベーカー財務長官はその同僚の中で、宮澤喜一蔵相に最も敬意を抱いていたと思います。今、日本は世界からどう評価されているのでしょうか。

## ■国際機関から頼られる日本

**古澤**　私がいたＩＭＦでは、日本は相当に頼りにされています。ＩＭＦへの出資比率は現在、アメリカが首位で日本が2位、中国が3位です。アメリカの議会は、国際機関に必ずしも常に協力的というわけではありません。一方、日本はIMFの活動を積極的に支援し、責任を持った発言をする。G7に関しても、日本への期待は大きいと捉えています。

**久保田**　日本は、G7の中で唯一、非欧米で非キリスト教国です。私たちは世界銀行の増資交渉や、IMFの経済政策についての議論の中でG7の他のメンバーに対して、アジアの代表にとどまらず、非欧米諸国の代表のような立場で意見を訴えることもやってきました。官僚批判は多くありましたが、われわれのこういった具体的な貢献が正確に評価されなかったらしいのは、残念なことだと思っています。

ところで、世界情勢が大きく変化する中で、日本人は自分たちの国を経済力も含めて過大評価しているのか、過小評価しているのか、どちらでしょうか。

**古澤**　自信を無くして、過小評価しているのではないでしょうか。確かにGDPを見ると1995年あたりがピークで世界の18％近くもあった。今は4・2％です。

ただ、世界の各国が抱える課題は、途上国であろうと先進国であろうと、共通するものが多くなっています。生産性の低下や少子高齢化といった日本が抱えている問題は言わば、世界を先取りしているともいえます。そうした問題に処方箋を示すことができれば、他国への貢献にもなる。もっと自信を持っていい。日本もいくらでも変わるチャンスはあります。

**久保田**　日本の一つの反省は、経済力がピークだった１９９０年代に、わが国の長期的な世界戦略を立てられなかったことだと思います。あの豊かだったときに、なぜ将来の種をまかなかったのか。

日本には先見の明をもつ人もいたのです。１９７８年に首相に就任した大平正芳氏は、21世紀の日本・世界のあるべき姿を模索する「政策研究会」を設立しました。その報告書では、気候変動や環境問題、エネルギー問題など、今日的なテーマに言及していた。「近代を超えて」新しい「文化の時代」にどう対応すべきか、そのための政策を打ち出しています。実に気宇壮大な取り組みだと思います。

世界が新たに直面する課題と解決法を他の国より先に提示することで、日本の力を世界に示すというやり方もあると思っています。

（２０２３年5月31日）

# 「転機の世界・転機の日本」（「あとがき」に代えて）

現在、世界は大きな転機を迎えている。

２００８年には、世界の金融制度が崩壊しかかった「金融危機」（わが国では「リーマン・ショック」と呼ばれている）が発生し、２０２０年には、遂には数百万人の命を奪うことになる「新型コロナウイルス」が急拡大した。２０２２年2月にはロシア軍が突然ウクライナに侵攻し、２０２３年10月にはイスラエルとハマスとの間での紛争が始まった。

この間、これらに対処する為、世界は政治、経済、社会と幅広い分野で異例の対応を迫られた。

前二者に対し、各国は異常な財政支出の拡大、異次元の金融緩和で対応した。十数年経った今日、これら例外的な政策の正常化は未だ緒についたばかりである。

ロシアのウクライナ侵攻という力による現状の変更は、世界の安全保障体制を一気にゆるがすことになり、全地球的な規模でそれへの再編が求められることとなった。ヨーロッパではスウェーデンのNATO加盟に象徴される両陣営間の線引きの強化が進み、アジアでは中国による拡張的政策が強まり、関係国間ではそれに対する取り組みが進みつつある。わが国でも新聞に「日米同盟の強化」といった見出しが現れるようになった。このような、相互に加速する一連の動きは、かつて第二次大戦へ向かっていったプロセスに類似するものとして、世界は新たな大戦への道を進みつつあると危惧する向きも出てきている。

これらの動きの背景には、ここ二十年近く続く中国の経済的拡大と、2017年に登場したトランプ大統領の掲げる政策がある。前者の背景には、長年にわたる中国自身の入念な政策に加えて、西欧諸国が「金融危機」に伴う世界経済の停滞を打破すべく、政策的に余力のある中国の力を「活用」したことがある。そのWTOへの早期加盟及びその前提として約束した市場経済化措置への遅々とした取組み、時期尚早と思われる人民元のSDRへの参加容認等々、同国に極めてソフトな対応をとったことが、同国の経済力の更なる拡大と、過剰な自信の獲得につながったことは間違いない。

トランプ元大統領の主導する「アメリカ第一主義」「偉大なアメリカの復活」によれば、世界の安定も、自由で公平な市場経済の維持よりも、アメリカの自国の当面の利益の確保が優先される。このことは、同国がその圧倒的な経済力をバックに自らが主導して作った第二次大戦後の政治、経済の枠組みを支えてきた原則を軽視することを意味するし、それは結局はアメリカの相対的な力の低下につながるはずである。だが、その認識は薄い。

日本は世界のそれ以上に、大きな転機に立っている。

第二次大戦後のわが国の経済的な発展は驚異的なものがあった。大戦により文字通り廃墟と化したわが国は、その四十年後には遂に米国と並び「G2」と称される程の経済大国となった。それはこの時期の世界経済の発展に大きく寄与したが、同時に競争相手でもある先進諸国、特に最大の取引国であるアメリカの警戒心を高めることとなった。わが国経済の発展をもたらした圧倒的な市場がアメリカであったこと、わが国の安全保障が同国に依存したものであること、それにこのアメリカの対外政策が時の国内政治に大きく左右されるものであること、もあって、戦後の日米関係は、両国の経済摩擦、それも米国の様々な要求を巡る日米経済交渉の歴史でもあった。その要求は、わが国の貿易政策、産業政策、財政・金融政策、更には社会経済構造と幅広い分野にわたり、それへの対応はわが国の幅広い分野の政策決定に大きな影響を与えてきた。

1989年に株価が史上最高の3万8915円という高値をつけるなど、わが国の経済成長は止まるところがないように見えたが、その前後からこの異常なまでの発展は実態を伴わない「バブル」であるとの認識が強まった。これを収束させる為、急速な金利の引き上げが行われたが、それはソフトランディングをもたらすことなく、逆に新たな混乱、事態の悪化を招くこととなった。この、今にして思えば遅過ぎた、かつ、性急な対応は、結局は公的資金の投入を伴う金融界の再編成、長期の経済的停滞へとつながっていった。

2010年代に入り、久方ぶりの長期政権を背景として「アベノミクス」と呼ばれる異次元の金融緩和政策が10年以上も継続されるなど、様々な模索が続けられてきたが、未だ所期の目的は達成されていない。現在も「失われた30年」と自ら揶揄せざるを得ない状態にある。

その結果、かつて世界経済の中で圧倒的な第2位を占めていたわが国は、早々に中国に凌駕され、2023年にはドイツにも抜かれて第4位のGDPの国に転落している。わが国経済は、長い間転機に立たされっぱなしであるが、未だその解決策を見出していない。

政治的見地からわが国が現在、転機に立っていることは、より明瞭であろう。戦後長い間、わが国は自国の安全を100％アメリカに委ねてきた。それがあまりにも有効であったこと、またその間の政治的意思の欠如もあって、国がその独立を維持する為に不可欠のはずの、わが国とは何か、その国としての生存を確保し、国家として発展する為にはどうすべきかを自らに真剣に問うことをしなかった。世界の各国が善良であり、世界は平和裡に生存を求める人ばかりであるという風な非現実的な、いわば「蒸留水」の如き状態であるという認識の下で、これらの議論を避けてきたのである。それは、近隣に朝鮮戦争が勃発し、中印国境紛争があり、ベトナム戦争が起こってもそうであった。それらに関するわが国の対応についての議論も、それが現行憲法が許容する範囲のものであるか、といった類の議論であった。ところが、先のウクライナ戦争を契機として世界の分断化が進み、世界がいわゆる「専制主義国家」と法治国家との亀裂と分断が進むこととなり、大国であるわが国もその圏外にあることは許されなくなったのである。それのみではない。わが国の周辺においても、一部の人の間で長年指摘されてきたわが国の安全保障に関する危険性が顕在化しつつある。北朝鮮の核の脅威については、それが夙《つと》に指摘され、それを抑止する為の施策が関係国の間で試みられてきたが、未だ成功するに至らず、その核開発・ロケット開発は続いている。

中国を巡る動向は更に深刻である。その力による現状変更は、その経済的拡大を背景として、より大規模かつ具体的である。歴史的にはインド、モンゴル等大陸での動きであったが、近年は海上におけるそれが活発化し、南シナ海、東シナ海のみならず、広く、いわゆるアジア太平洋上でも顕著となってきた。台湾海峡においては、それが具体的な軍事行動につながりかねないとして、世界的な不安・緊張が高まっている。わが国にとっては、既に尖閣列島を巡る動きがあるが、「台湾有事」となれば、それはわが国の安全保障、領土保全に直接関係することになる。

ここに至ってわが国においても漸《ようや》く、国の安全保障をどう確保するか、その為に具体的にどう取り組むべきかが、真剣に議論されるようになった。

最後に、この本の編集を終え、その題名を決めるに際し、改めて全体を読み直してみて、未だわが身の足らざることを発見したことを記してこの本の結びとしたい。それは、この書及びそのベースとなった産経新聞の「一筆両断」への私の寄稿の大きな狙いは、いわゆる戦後世代を生き抜いてきた者として、その見聞きし、考え、経験したことを踏まえて、新しい時代の政策へのヒントを与えようとするものである。その立場はやや大袈裟かもしれないが、わが国の政治、経済についてその戦後体制の総括を試みようとするものと言い換えてもよかろう。

だとすれば、それは、現在世界が置かれている立場や、わが国が直面している立場、言い換えれば世界の転機、わが国の転機ということであるが、それらにどう対応すべきかということでは不十分ではないかということに思い至ったのである。わが国は第2位ではなくなったとはいえ、依然として世界第4位の経済大国であり、世界の政策を事実上リードしているG7(日、米、英、独、仏、伊、加)のなかで唯一の非西欧の国であり、先端技術を持つ大国である。歴史的にも、世界の荒波の中で、色々と知恵を絞り、その為の大きな犠牲を払いながら独立国として生きてきた国である。だとすれば、現在もそういう国としての対応が求められているのではないか。即ち、世界はどうあるべきか、その為にわが国はどういう知恵を出し、どう行動すべきかという主体的、かつ能動的視点からの政策があってしかるべきではないかということである。

私は、この、自らの置かれた立場で受身的にどう対応するかという視点、即ち世界や日本の現状を所与のものと捉えるという傾向こそが、まさに本書中に述べたわが国が本来それから脱却すべき「思想的戦後レジーム」の下に依然としてあることを示すものではないかということに思い至ったのである。一方で、「思想的戦後レジームからの脱却」を説きながら、自分がその中にあることに思い至ったわけである。自らがそういう未だ足らざるものであるとの自覚を持ちつつも、なお、この提言を次の世代の人々に捧げたいと思う。

久保田勇夫

比呂子夫人と自宅の庭にて(2000年元旦、新年祝賀の儀を前に)

ブックデザイン:ユリデザイン 中尾香

●著者プロフィール

**久保田 勇夫**（くぼた　いさお）

1942年生まれ。福岡県出身。66年東京大学法学部卒業、大蔵省（現・財務省）入省。69年、オックスフォード大学経済学修士。大蔵省大臣官房審議官、国際金融局次長、関税局長、国土庁長官官房長などを経て、99年国土事務次官。

大蔵省課長補佐時代は税制改正、財政投融資計画、省内調整などを手がけた。以降、サミット、G5、G7などの国際金融交渉にもかかわった。

2000年に退官。以降、都市基盤整備公団副総裁、ローン・スター・ジャパン・アクイジッションズ会長を経て、西日本シティ銀行頭取・会長、西日本フィナンシャルホールディングス会長を務める。2024年6月から西日本シティ銀行特別顧問（現職）。

著書に『新しい国際金融』（有斐閣）、『証言・宮澤第一次通貨外交』（西日本新聞社）、『令和への提言　政と官—その権限と役割』（産経新聞出版）、『役人道入門』（中央公論新社）など多数。

令和への提言Ⅱ
**戦後レジームからの脱却を**

令和6年 10月23日　第1刷発行

著　　者　**久保田 勇夫**
発 行 者　赤堀 正卓
発行・発売　株式会社　産経新聞出版
〒100-8077　東京都千代田区大手町1-7-2
産経新聞社8階
TEL 03-3242-9930　FAX 03-3243-0573
印刷・製本　サンケイ総合印刷株式会社


ISBN 978-4-86306-185-9　C0095